Holland from the Top

Scriptum

De bovenkant van Nederland

Op dit land raak ik nooit uitgekeken

I'll never grow tired of this country

When, as aerial photographer, you have carried out an extremely wide range of assignments above the same country, you begin to wonder whether you will one day become bored with it. Sooner or later, you tell yourself, the element of surprise will disappear. And you think it could be refreshing to go and take a look in other countries.

But the next time you fly above your own country, the weird and wonderful world down there, with its occasional grotesquely ugly building and breathtakingly beautiful scenery, again demands admiration. Landscapes and cities appear to have changed since the last time and sometimes that change is radical. A residential area or a park can have disappeared just like that, or a river is suddenly spanned by a new bridge. A sand flat has been created on the coast, completely changing the coastline.

A landscape says much about a nation. The Dutch are constantly tinkering with their country. They are never satisfied; things

Wanneer je als luchtfotograaf jaren achtereen de meest uiteenlopende opdrachten uitvoert boven een land, vrees je onwillekeurig dat je er op zekere dag op uitgekeken zal raken. Het kan niet anders of vroeg of laat is het verrassingselement weg, houd je jezelf voor. En je denkt dat het verfrissend kan zijn om eens in andere landen een kijkje te gaan nemen.

Maar vlieg je dan weer boven je eigen land, dan roept die wonderlijke wereld daar beneden je met zijn soms oerlelijke bouwsels en verbluffend mooie natuurgebieden toch weer verwondering op. Landschappen en steden blijken sinds de vorige vlucht veranderd en dat soms op een behoorlijk ingrijpende manier.
Een woonwijk of een park kan zomaar verdwenen zijn, over een rivier blijkt opeens een nieuwe brug te liggen. Aan de kust wordt een zandplaat gestort, waardoor de kustlijn sterk is veranderd.

Een landschap zegt veel over een volk. Nederlanders zijn voortdurend bezig aan hun land te sleutelen. Ze zijn nooit tevreden, het moet altijd anders. Ik ken geen ander land dat op zo'n klein oppervlak zoveel diversiteit weet te bereiken. België bijvoorbeeld heeft vanuit de lucht een totaal ander aanzien. Nederland is geordend volgens het principe één recht, één averecht. Zelfs boerderijen zien er netjes uit. Alle werktuigen staan er keurig op hun plaats. Wat direct opvalt als je over de grens komt, is dat die strakke structuur ontbreekt. De ordening is veel losser. De Nederlander houdt van orde en netheid. Hij wil weten waar hij aan toe is.

Een ander opvallend verschijnsel is dat er steeds meer kleur in de architectuur komt. Dat is heel bescheiden begonnen, een jaar of vijftien geleden, met de strandhuisjes. Die waren altijd wit. Vlieg je nu langs de kust, dat zie je, vooral in Zeeland, de meest wilde kleuren. Het beeld is veel speelser geworden. Hetzelfde fenomeen kun je in de steden waarnemen. Sommige kantoor- en woongebouwen vallen vanuit de lucht gezien op door hun extravagante kleur of vorm. In dit boek zijn daar verschillende voorbeelden van te vinden. Om er twee te noemen: Casa Confetti in Utrecht, de uit honderden kleurige blokjes opgebouwde woonflat voor studenten op het universiteitsterrein, en

always have to be different. I know of no other country that has achieved so much diversity in such a small area. Belgium, for example, has a completely different character from the air. Holland is organised according to the principle of one plain, one purl. Even farms look neat and tidy. All the machinery is parked in its proper place. What you immediately notice when you cross the border is that the regimented structure is missing. The organisation is much more capricious. The Dutch like order and neatness. They want to know where they stand.

Another phenomenon that catches the eye is that there is more and more colour in the architecture. That began around fifteen years ago in a very modest way with the beach huts. They had always been white. If you now fly along the coast, you will see the wildest colours, particularly in Zeeland. The view has become much more playful. You can observe the same thing in the cities. Some office and residential buildings catch the eye from the air because of their extravagant colour or shape. This book contains various examples of this. To mention just two: Casa Confetti in Utrecht, the block of flats for students on the university grounds constructed from hundreds of colourful blocks, and the Centre of Life Sciences at the University of Groningen, which rises between the other buildings like some origami figure.

Where this urge to make our surroundings more colourful originated is anyone's guess. Perhaps it is a reflection of a population that is also becoming more colourful; perhaps it is because we have shrugged off the strict religious piety that has characterised our country for so long; perhaps it is simply an expression of globalisation. But it remains a fascinating trend.

In this book, however, I do not only concentrate on such striking objects. I have also tried to show the beauty of the landscapes – some of them less well-known than others.

For you also make new discoveries in nature when you view it from above. Another factor is that the current digital technology offers many more possibilities of capturing the beauty in a sharp image than was ever pos-

het Centrum voor Levenswetenschap bij de Groningse universiteit, dat als een origami-vouwsel tussen de andere gebouwen ligt.

Waar die neiging om onze omgeving met kleur te willen opvrolijken opeens vandaan komt, laat zich raden. Misschien is het een weerspiegeling van de steeds kleurrijker wordende bevolking, misschien komt het doordat we het strenge kerkse – dat ons land zo lang heeft gekenmerkt – hebben losgelaten, misschien is het gewoon een uiting van de globalisering. Een boeiend verschijnsel blijft het.

In dit boek heb ik niet alleen oog voor dergelijke opvallende objecten. Ik heb ook geprobeerd de schoonheid van – soms minder bekende – landschappen in beeld te brengen.

Want ook in de natuur zijn van bovenaf telkens weer nieuwe ontdekkingen te doen. Daar komt bij dat de hedendaagse digitale techniek veel meer mogelijkheden biedt om de schoonheid scherp in beeld te brengen dan vroeger de film. Tussen het ogenblik dat je een opname maakte en het moment dat je de foto onder ogen kreeg, zaten meestal meerdere uren. Een film moest immers eerst worden ontwikkeld en afgedrukt.

De digitale fotografie maakt het mogelijk het resultaat te beoordelen terwijl je de vlucht nog in je hoofd hebt zitten. De herinnering aan het beeld is nog vers, en wat je hebt gemaakt zie je ook nog eens op een groot scherm. Je kunt de twee beelden – dat in je hoofd en dat op het scherm – dus meteen met elkaar vergelijken, en controleren of de foto klopt. Die sterkte-zwakte analyse is voor een fotograaf zeer leerzaam. Deze kritische werkwijze leidt er soms toe dat ik terugga om een opname opnieuw te maken, omdat de lichtval niet optimaal is of omdat de hoek waaronder het beeld is geschoten, net niet helemaal voldoet aan mijn verwachtingen.

Bij het maken van een goede foto is het de kunst het eindresultaat al te zien voordat je de sluiter indrukt. Dat wat ik 'de kritische invlieghoek' noem, blijft een bepalende factor. Die hoek vinden en vasthouden is alleen mogelijk als de helikopter wordt bestuurd door een piloot die begrijpt wat ik wil en die in staat is het toestel gracieus in de door mij gewenste positie te manoeuvreren, zodat ik in een fractie van een seconde de foto kan maken zoals ik die voor ogen heb.

sible with film. Several hours used to elapse between the moment you made a shot and the moment you first saw the result. A film had to be developed and printed. Digital photography makes it possible to judge the result while you still have the flight in your head. The memory of the image is still fresh, and you also look at what you have made on a large screen. You can now immediately compare the images – the one in your head and the one on the screen – and check whether the photo is right. That strength and weakness analysis is very instructive for a photographer. This critical way of working sometimes means that I go back and make the shot again, because the incidence of light or the angle at which it was taken does not live up to my expectations.

The art of taking a photograph is seeing the end result before you press the shutter. Something I call 'the critical approach angle' remains crucial. Finding and sticking to this angle is only possible if the helicopter is flown by a pilot who understands what I want and is capable of gracefully manoeuvring it into the position I want, so that I can take the photograph I see in my mind in a fraction of a second. Some time ago, during an exhibition of my work, a visitor gave me the book *Het Spiedend Oog Der Luchtcamera* [*The spying eye of the aerial camera*]. The book, compiled by the Royal Dutch Geographical Society, was published in 1948 and contains descriptions and interpretations of Dutch aerial photography, naturally still in black and white, of our country and its colonies at the time.

It was a surprising gift for several reasons. Not only because I had never heard of this interesting book but also because its contents triggered new insights. The techniques for making aerial photographs have naturally radically changed over the years, but looking at the pictures from those years, I suddenly realised that interpreting aerial photographs then must have been just as exciting as it is today. Everybody looks at an aerial photograph in their own way. The combination of light and form conjures up different associations and feelings in every viewer. Discovering that you cannot immediately place some lines

Een tijdje geleden deed tijdens een expositie van mijn werk een bezoeker mij het boek *Het Spiedend Oog Der Luchtcamera* cadeau. Het is een werk uit 1948, samengesteld door het Koninklijk Nederlands Aardrijkskundig Genootschap, en het bevat beschrijvingen en interpretaties van de Nederlandse luchtfotografie met foto's, uiteraard nog in zwart-wit, van ons land en onze toenmalige koloniën.

Het was om meerdere redenen een verrassend geschenk. Niet alleen omdat ik nog nooit van het bestaan van dit interessante boek had gehoord, maar ook omdat de inhoud me tot nieuwe inzichten bracht. De technieken om luchtfoto's te maken zijn in de loop der jaren natuurlijk sterk veranderd, maar de beelden uit die jaren bekijkend, besefte ik opeens dat het interpreteren van luchtfoto's toen net zo'n spannende bezigheid moet zijn geweest als het nu nog is. Iedereen bekijkt een luchtfoto op zijn eigen manier. De combinatie van licht en vorm roept bij iedere kijker weer andere associaties en gevoelens op. De ontdekking dat je sommige lijnen en objecten niet meteen thuis kunt brengen verleent aan het bekijken van luchtfoto's een zekere geheimzinnigheid.

Ik hoop dat de foto's in dit boek voldoen aan dat criterium. Sommige ervan heb ik geprobeerd zo te maken, dat ze op verschillende manieren te bekijken zijn. Ik laat de keuze aan de lezer. Hij kan het beeld snel in zich opnemen en zich tevreden stellen met het 'plaatje'. Hij kan ook wat geconcentreerder kijken en dan details ontdekken die hij bij de eerste blik over het hoofd heeft gezien.

Kijken is meer dan waarnemen, het is ook beleven. Het gebeurt wel dat ik in de lucht zodanig onder de indruk raak van de schoonheid van mijn onderwerp, dat ik mijn emoties moet uitschakelen, wil ik een zuiver beeld kunnen maken.

Op zulke momenten stel ik vast dat ik nog lang niet op Nederland ben uitgekeken. Ons rare kleine landje blijft me inspireren.

In hoop dat u veel genoegen zult beleven aan het kijken naar het Nederland van nu.

Karel Tomeï

and objects shrouds aerial photography with a certain mystery.

I hope that the photos in this book meet that criterion. I have tried to make some of them in such a way that they can be viewed in different ways. The choice is up to the viewer. He can quickly scan the image and be satisfied with the 'picture'. He can also look in a much more concentrated way and discover things that he initially overlooked.

Looking is more than observing; it is also experiencing. Sometimes, when I am in the air, I become so overwhelmed by the beauty of my subject that I have to switch off my emotions in order to make an accurate picture.

At moments like that, I know that I have not yet grown tired of the Netherlands. Our odd little country remains an inspiration to me.

I hope you will enjoy looking at the Netherlands of today.

Friesland

Groningen

Drenthe

Overijssel

Gelderland

Flevoland

Utrecht

Noord-Holland

Zuid-Holland

Zeeland

Noord-Brabant

Limburg

Nederland

Friesland

◀ Franeker ▲ Raard, Dongeradeel

▲ Lemmer   Aquaduct Jeltesleat bij Heeg ▶

Fluessen

Tjeukemeer

◀ IJlst   ▲ Radboudkerk, Jorwert

Leeuwarden

Polder Bokkepollen met Wester Dobbe op voorgrond

Streekdorp Zandbulten

Grouw

Laurenskerk met Het gemaal van Echten, Tjeukemeer

Terpdorp Hogebeintum

Lorentzsluizen, Kornwederzand (Afsluitdijk)

Jeltesloot bij Heeg

 Sneek

Nationaal Park De Alde Feanen

Cupido's Polder, Terschelling

Kooiplaats, Ameland

Vlieland

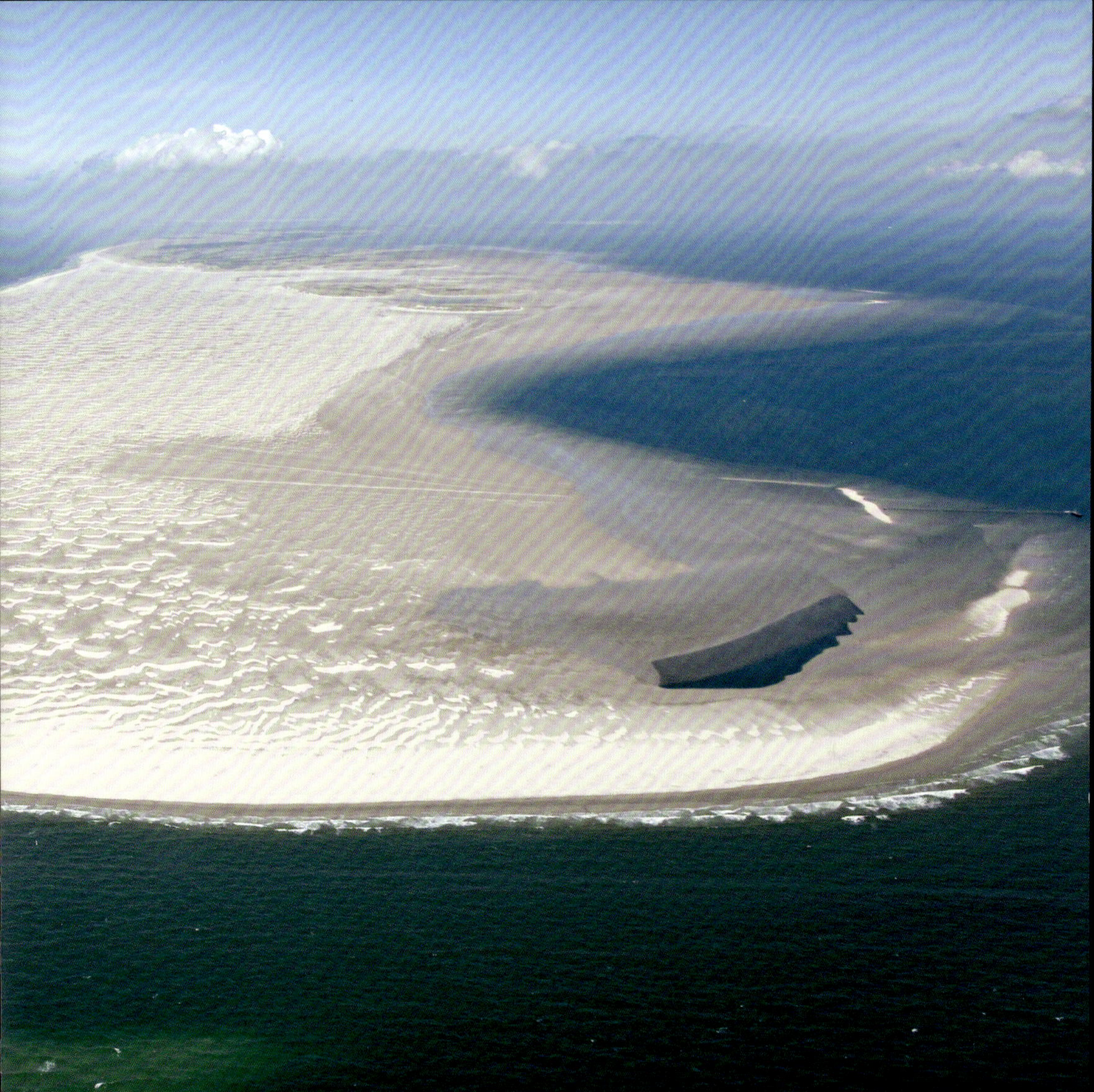

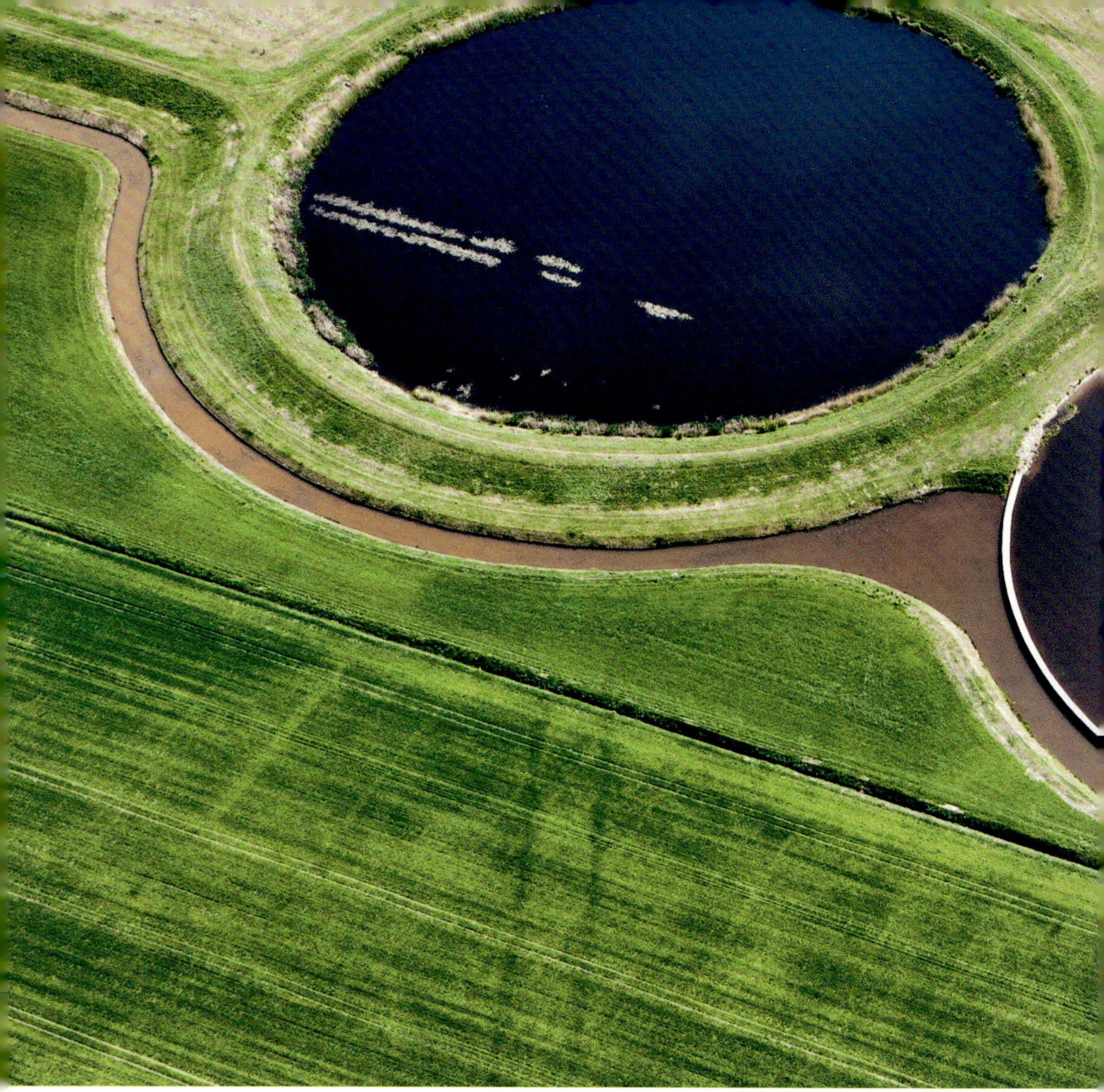

Groningen

Groningen

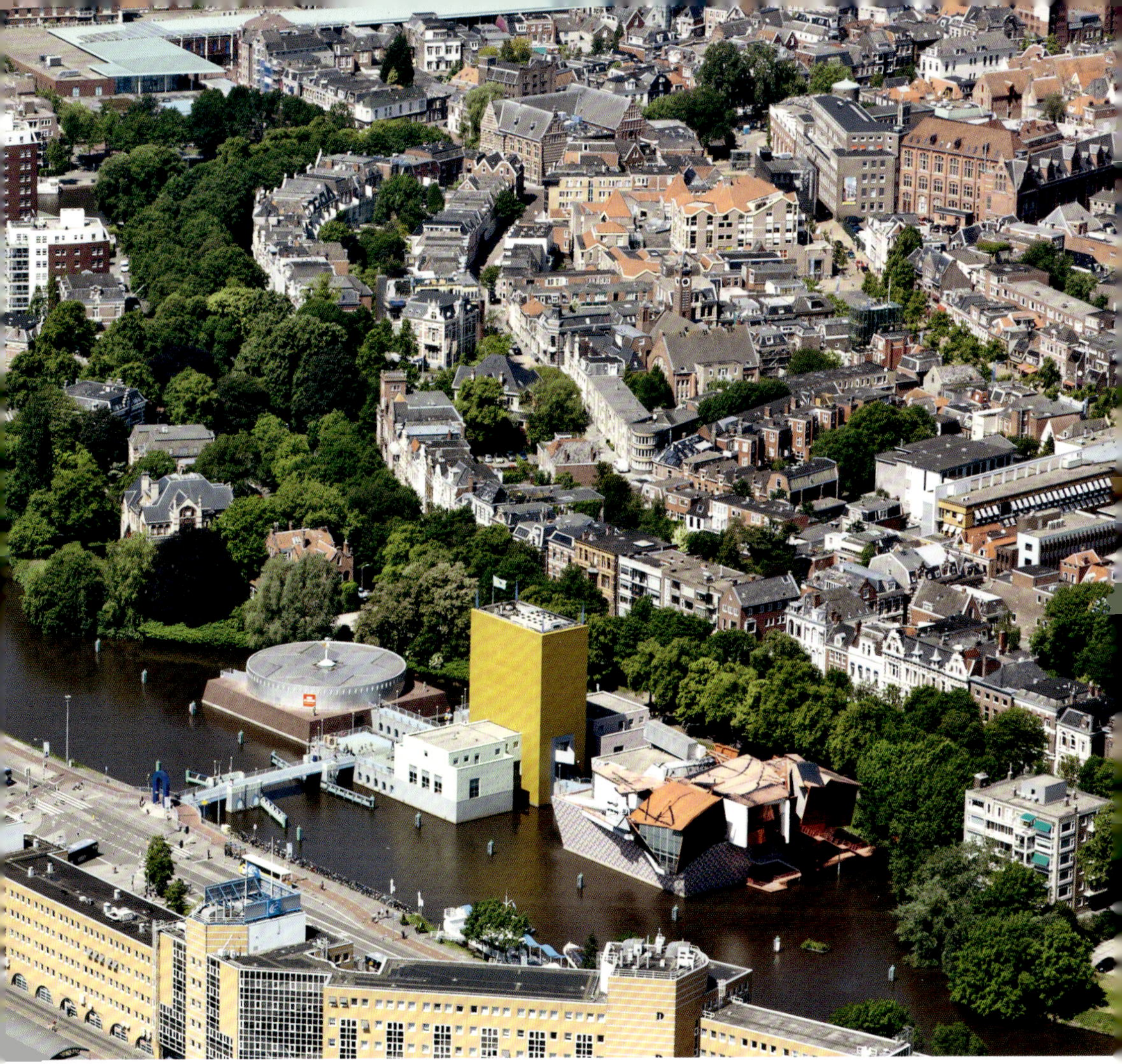

Groninger Museum

Reitdiephaven, Groningen

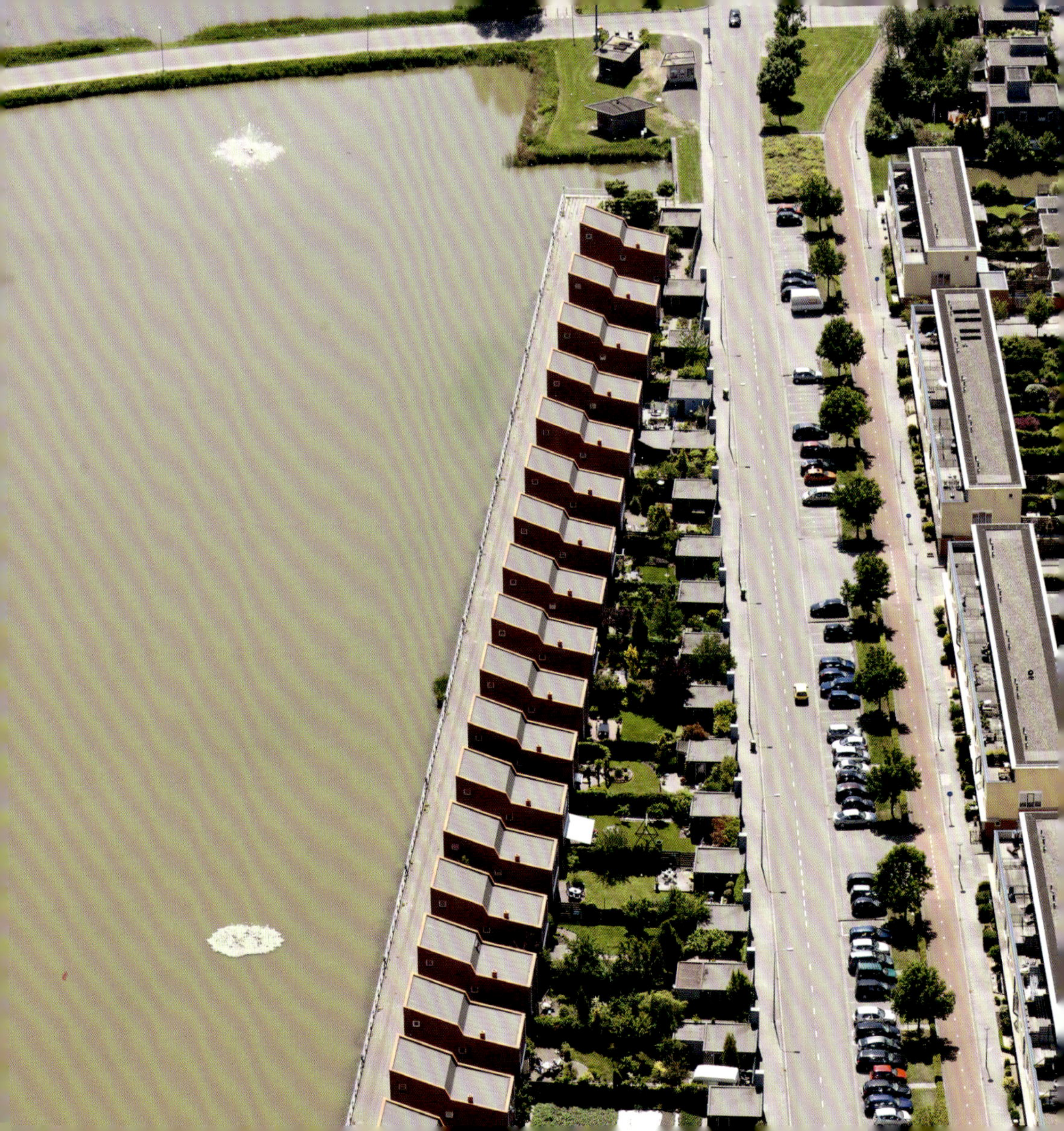

▲ Centrum voor Levenswetenschappen,
Rijksuniversiteit Groningen. Ontwerp: Rudy Uytenhaak
◀ Han Diekmannkade, Groningen

Kunstwerk 'Natte Ogen', ontwerp landschapsarchitect Wim Boetze

Westerwoldsche Aa, Winschoten

Termunterzijl

Groot Maarslag

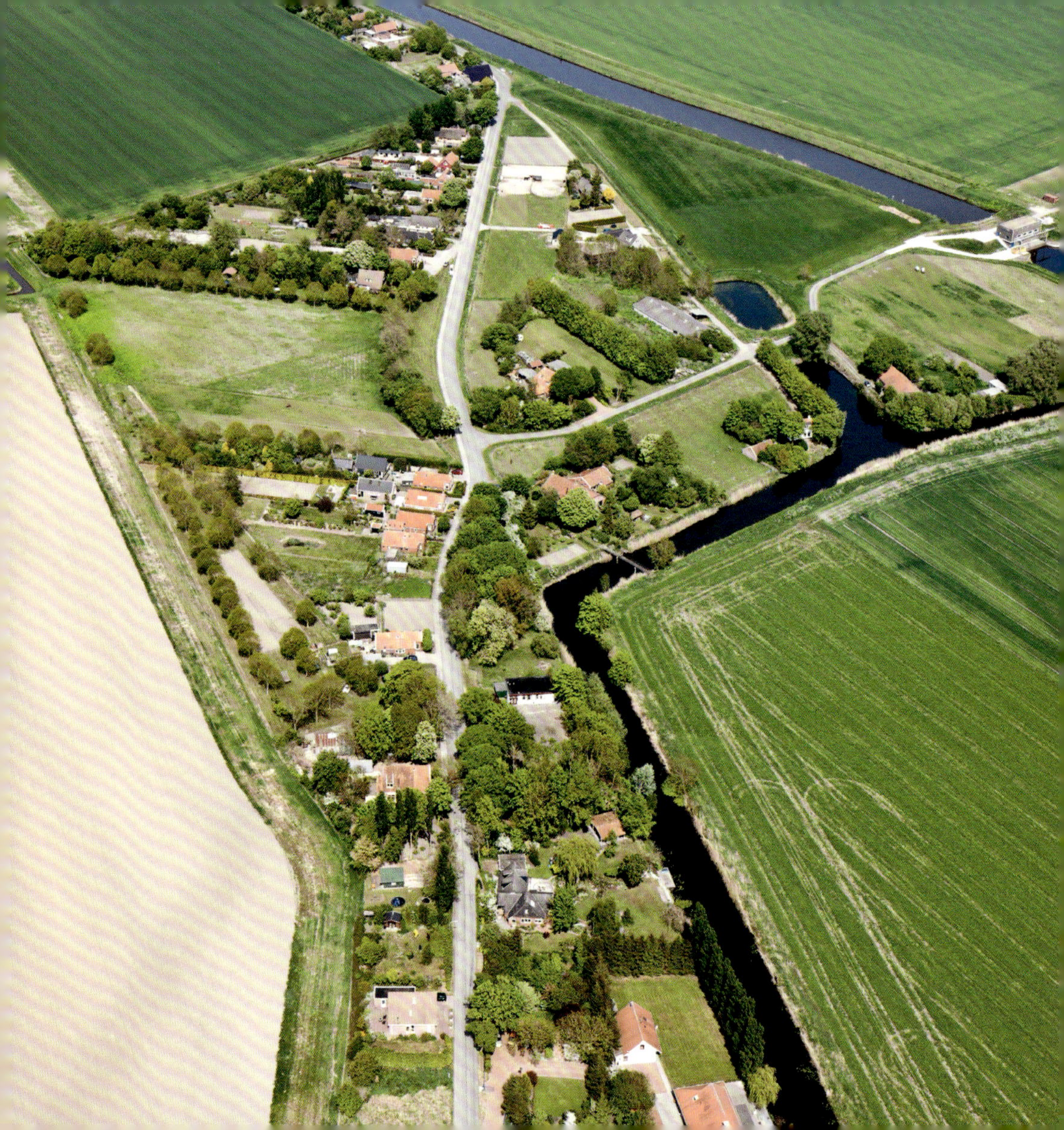

▲ Polderlandschap Marum
◀ Hongerige Wolf, Oldambt

Spijk (Delfzijl)

Rietgors, Veendam

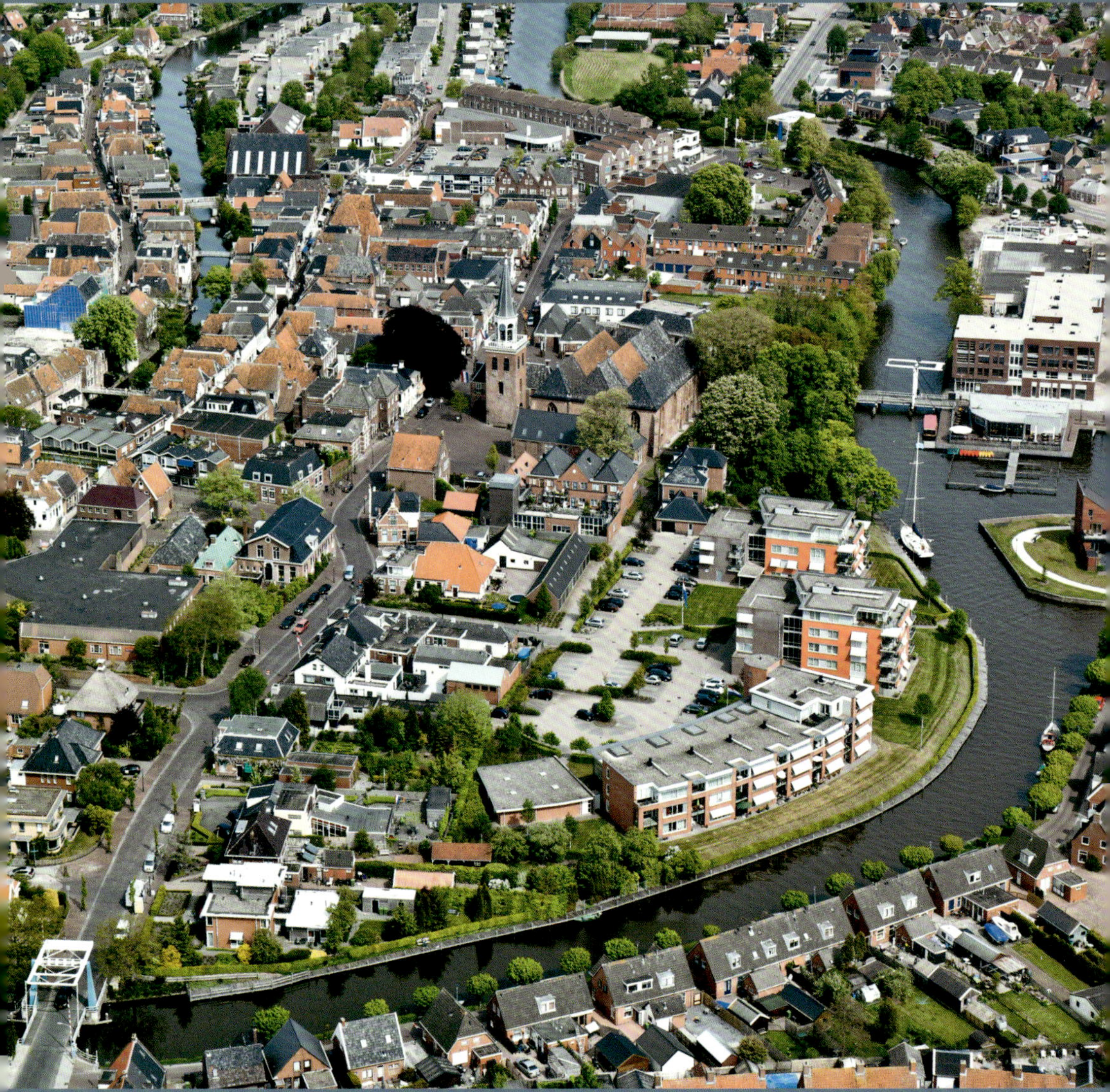

◀ Appingedam ▲ Schouwerzijl **53**

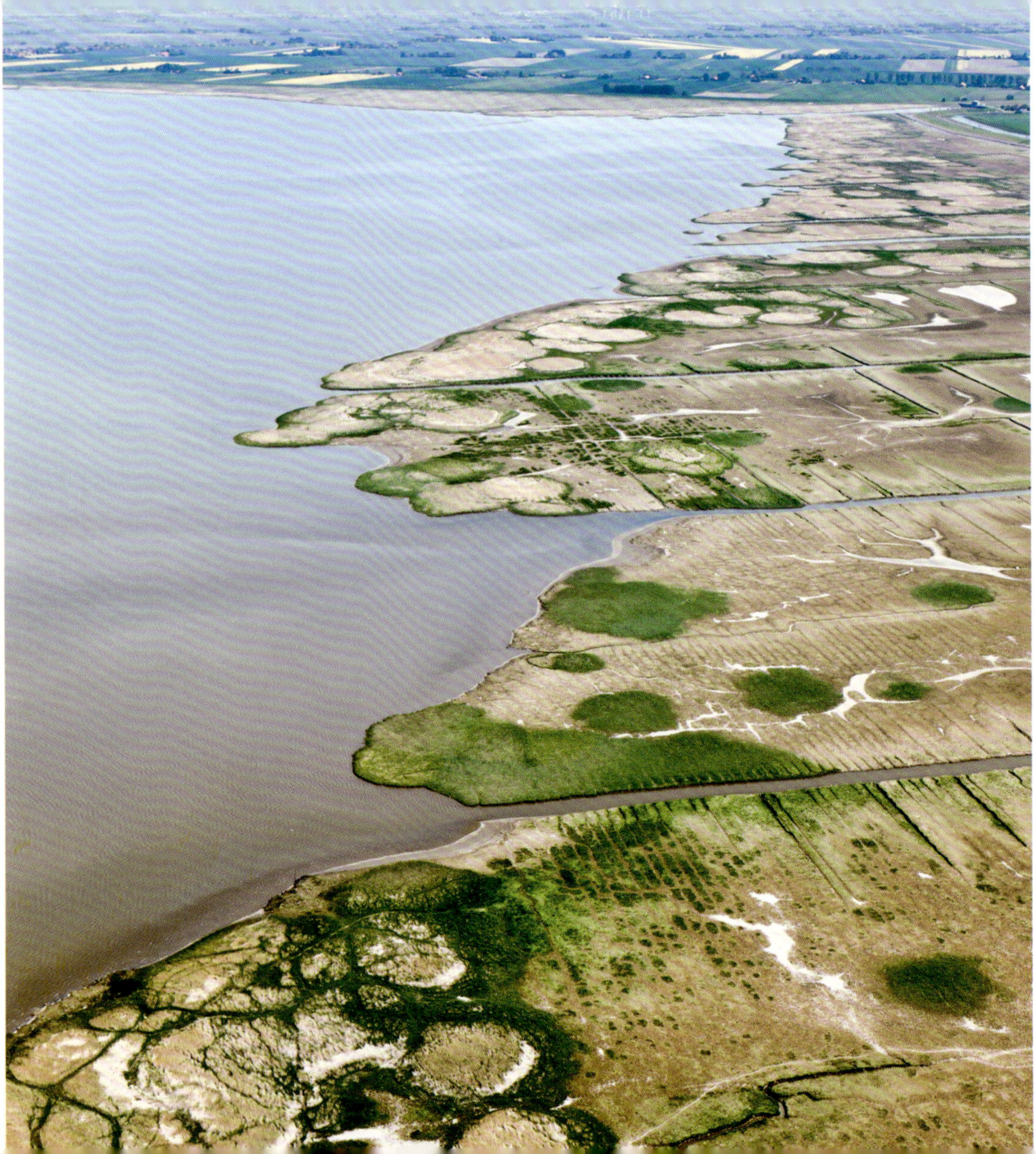

◀ Dollard ▲ Punt van Reide

Lauwersmeer

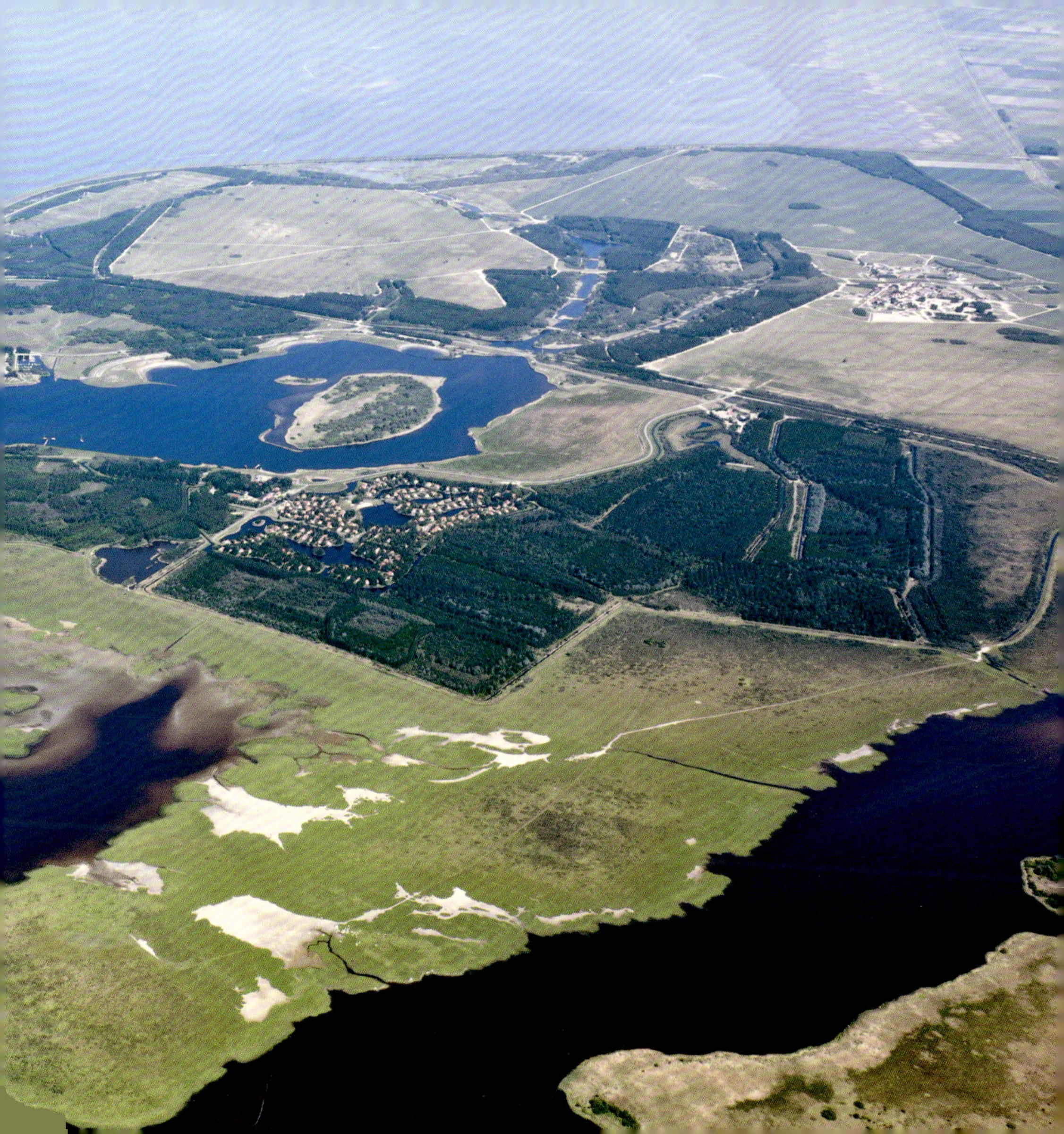

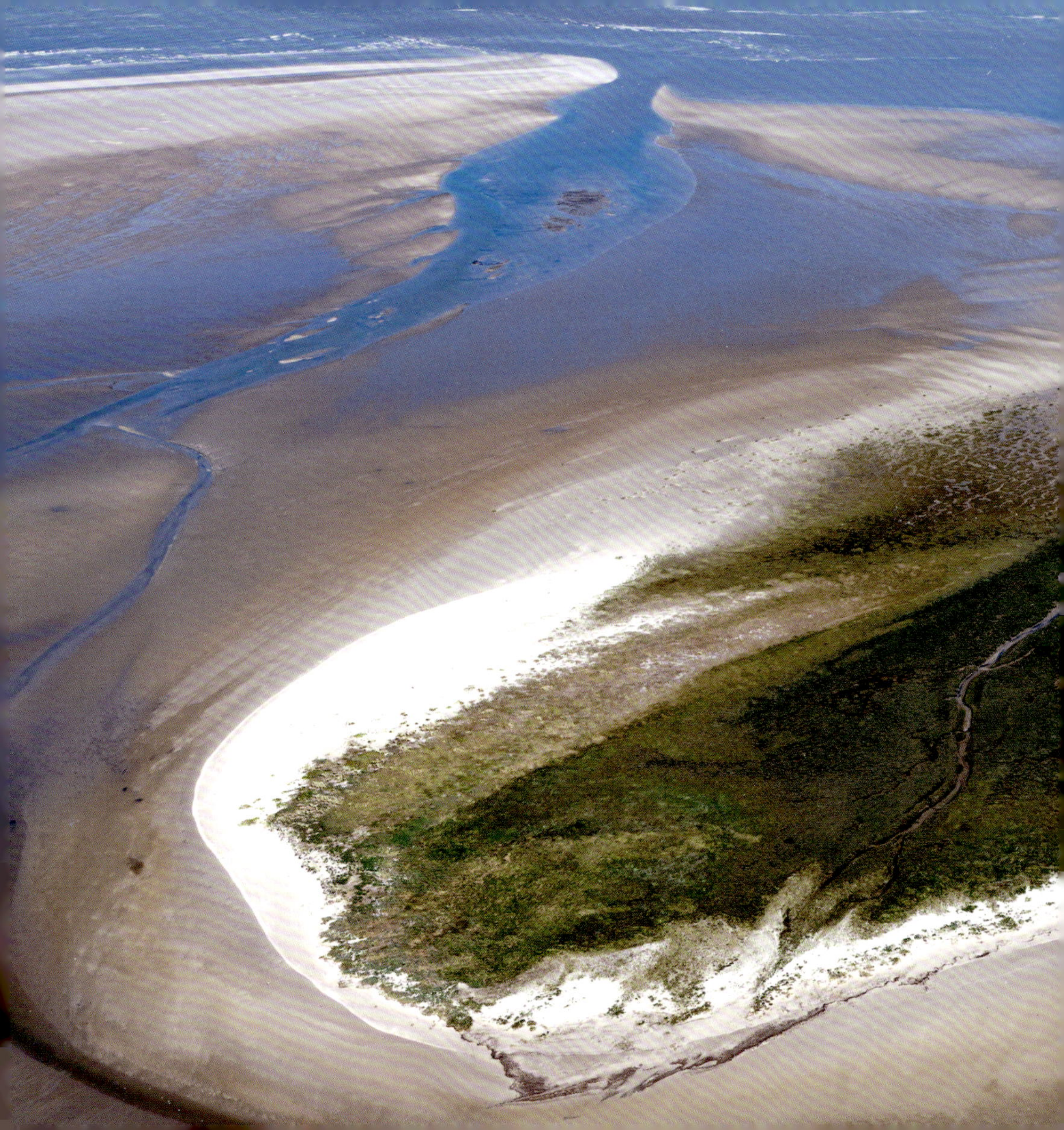

Zuiderduintjes, Waddenzee

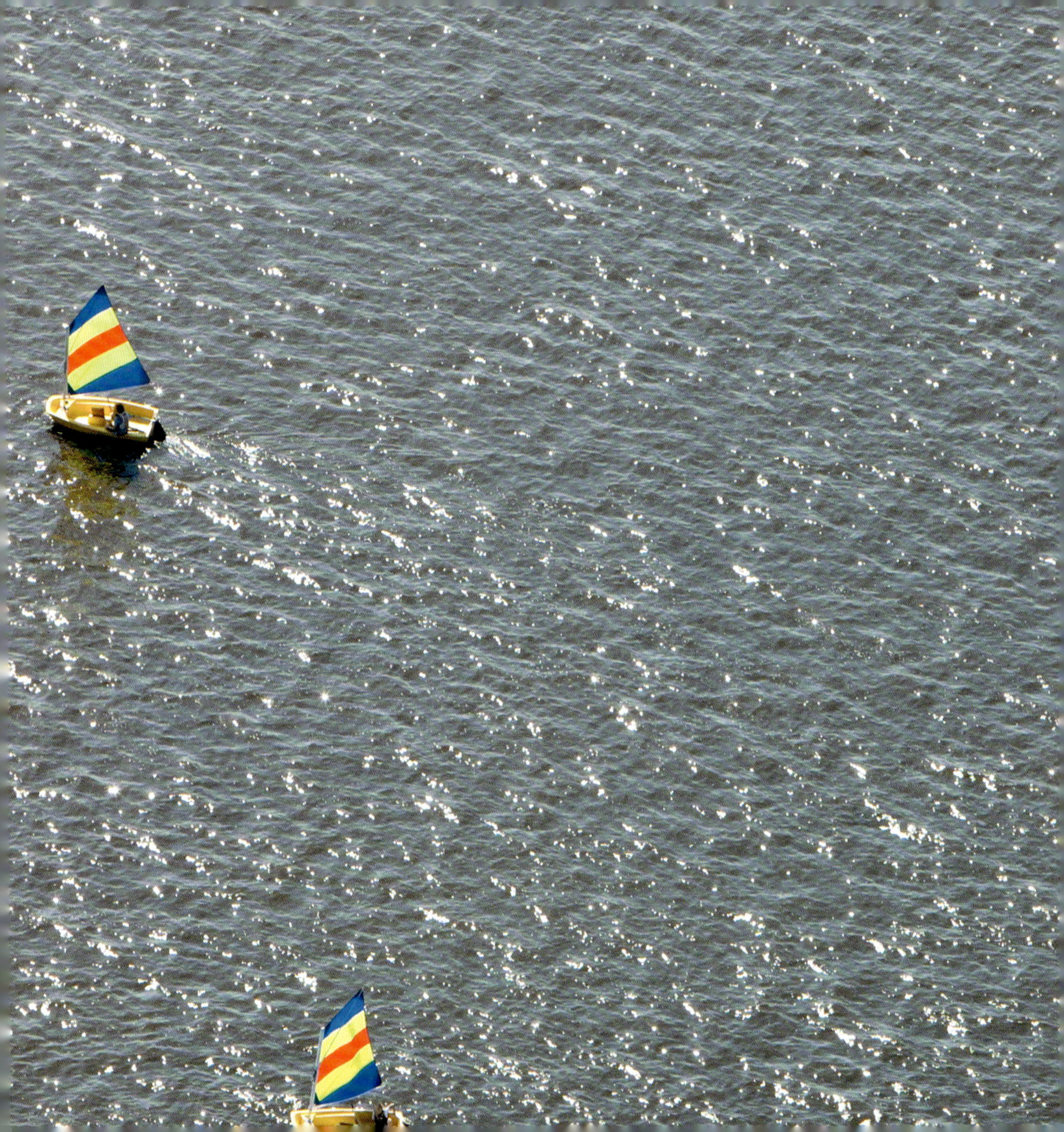

Drenthe

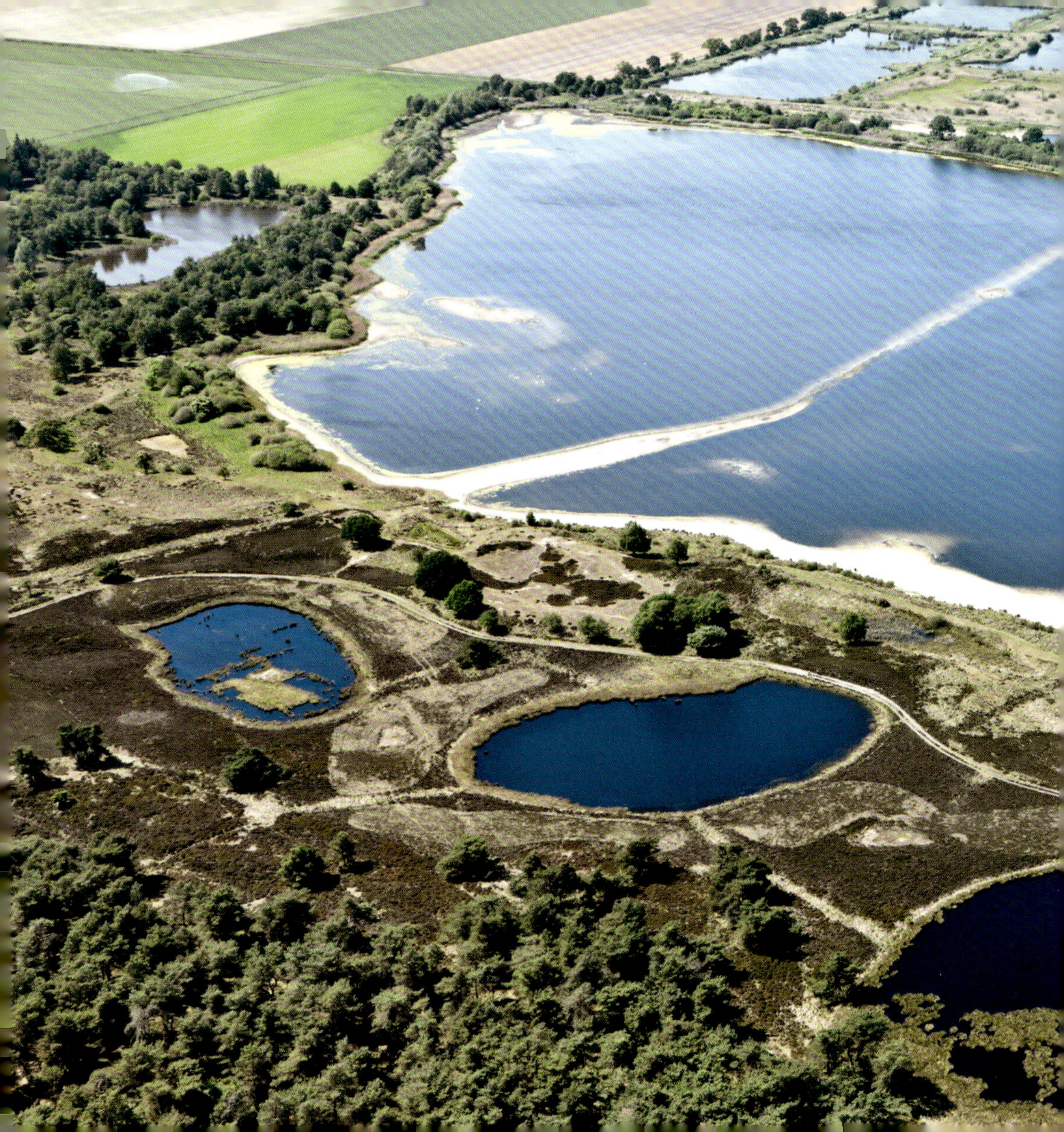

Vogelreservaat Diependal, Natuurgebied Hijkerveld

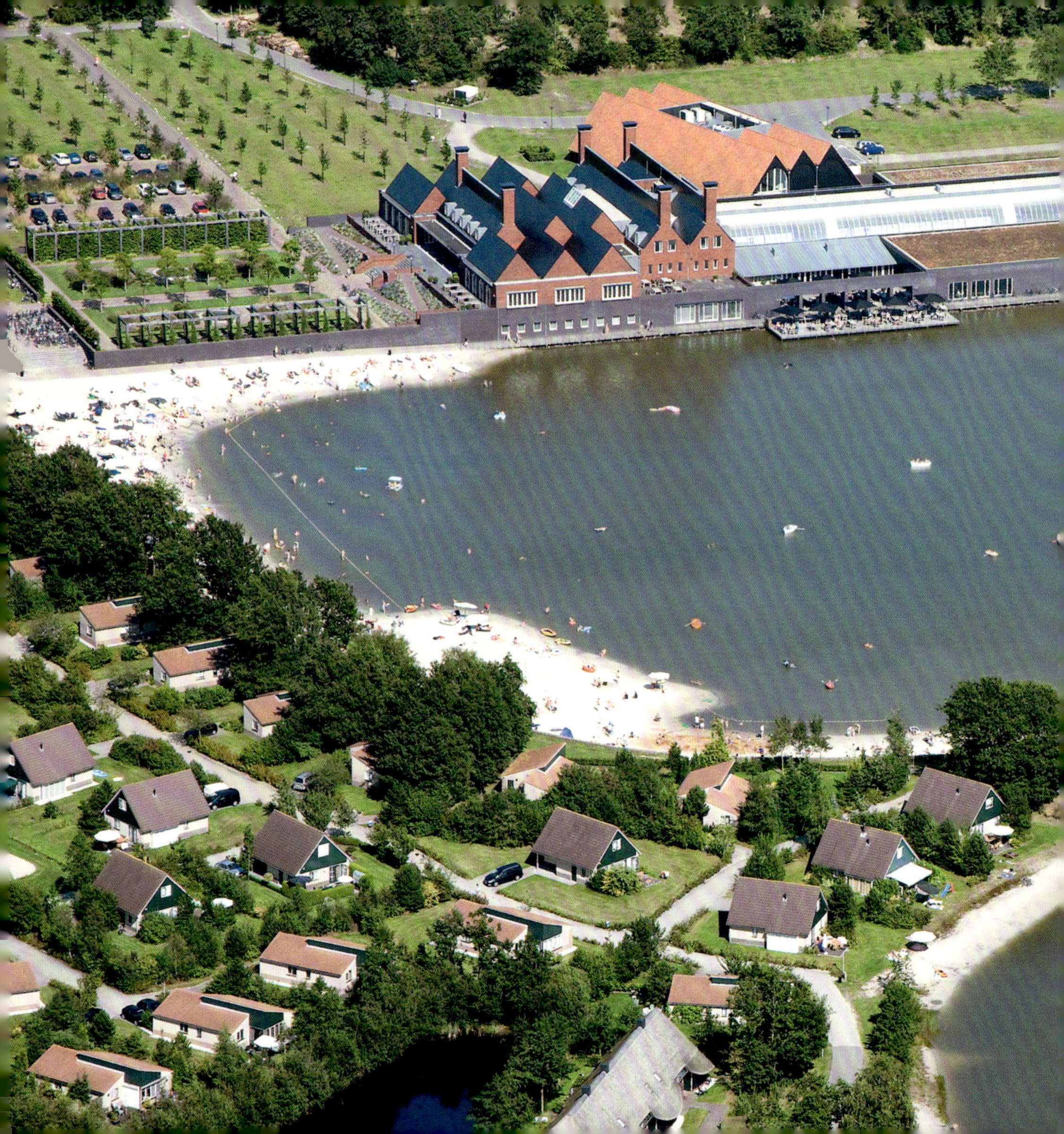

Hof Van Saksen, Nooitgedacht

Speelvijver 't Nije Hemelriek

Winkelcentrum Gansehof, Coevorden

Radiotelescopen in boswachterij Hooghalen

Velden met kleine radioantennes, LOFAR, Exloo

◀ Boswachterij Gees   Mantiger Veld ▶

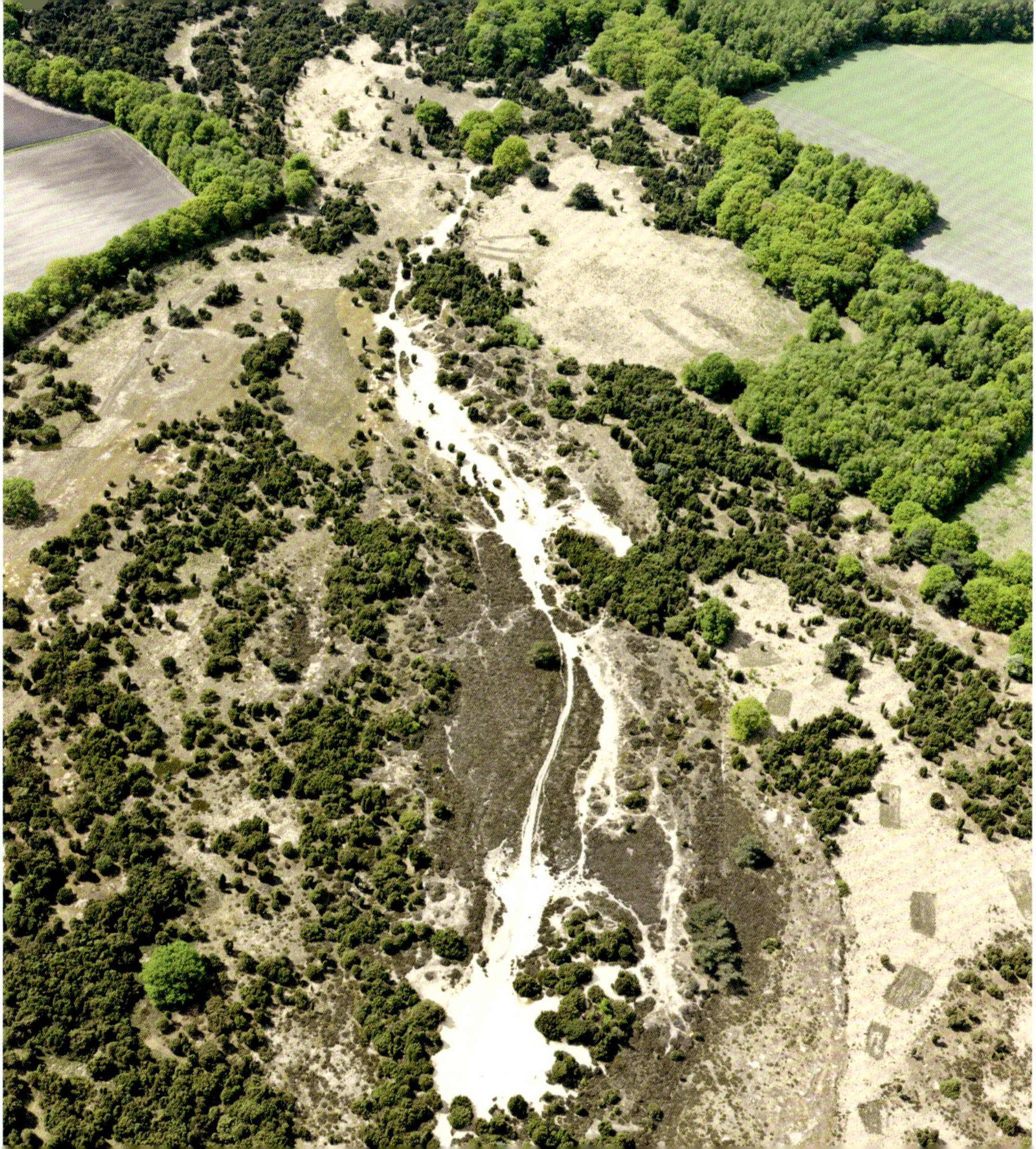

Nationaal Veenpark Barger-Compascuum

Boswachterij Borger

▲ Zuidlaardermeer   Speelstad Oranje, Smilde ▶

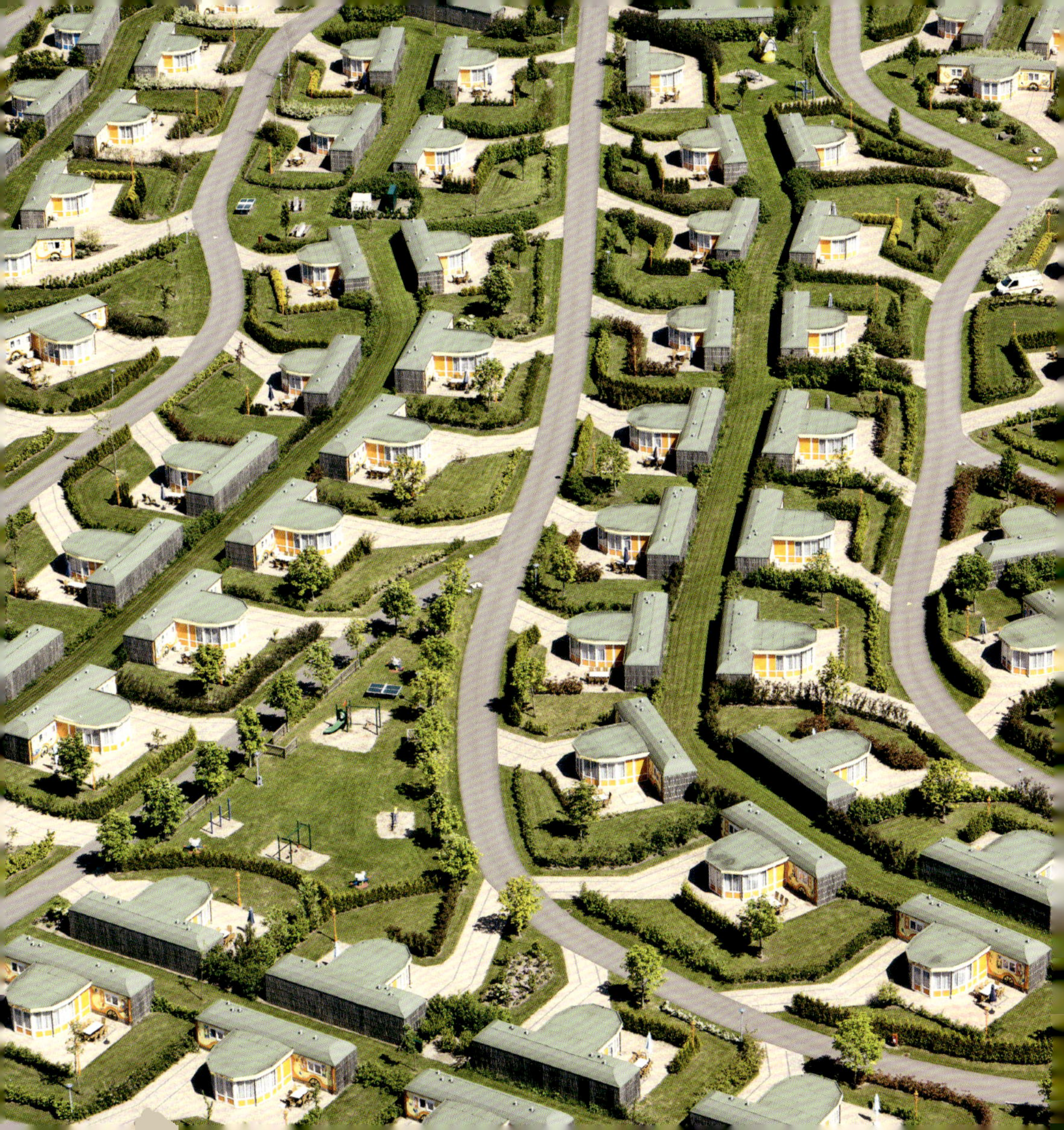

De Katshaar,
voormalige schans
bij Coevorden

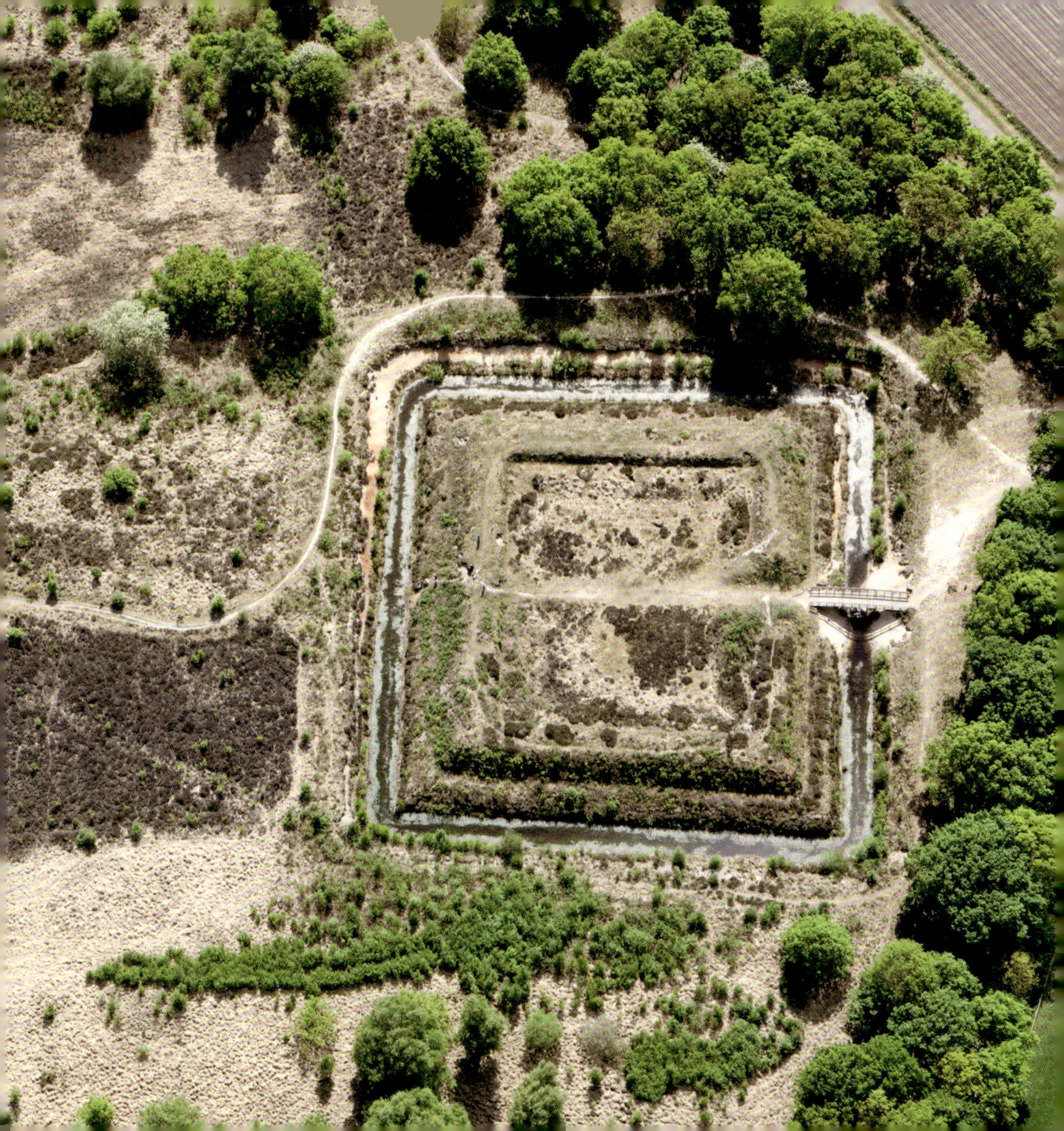

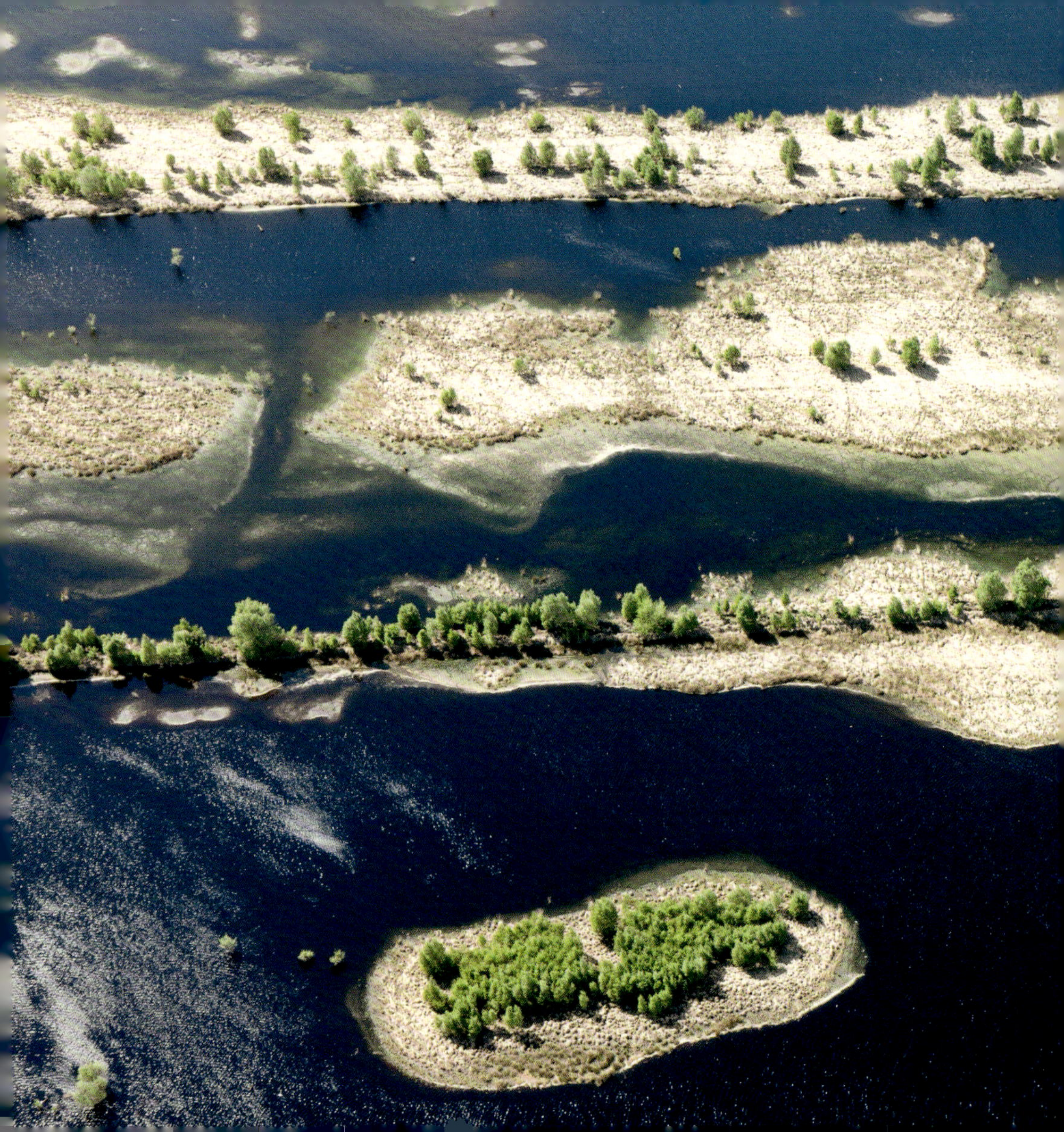

Natuurgebied Bargerveen

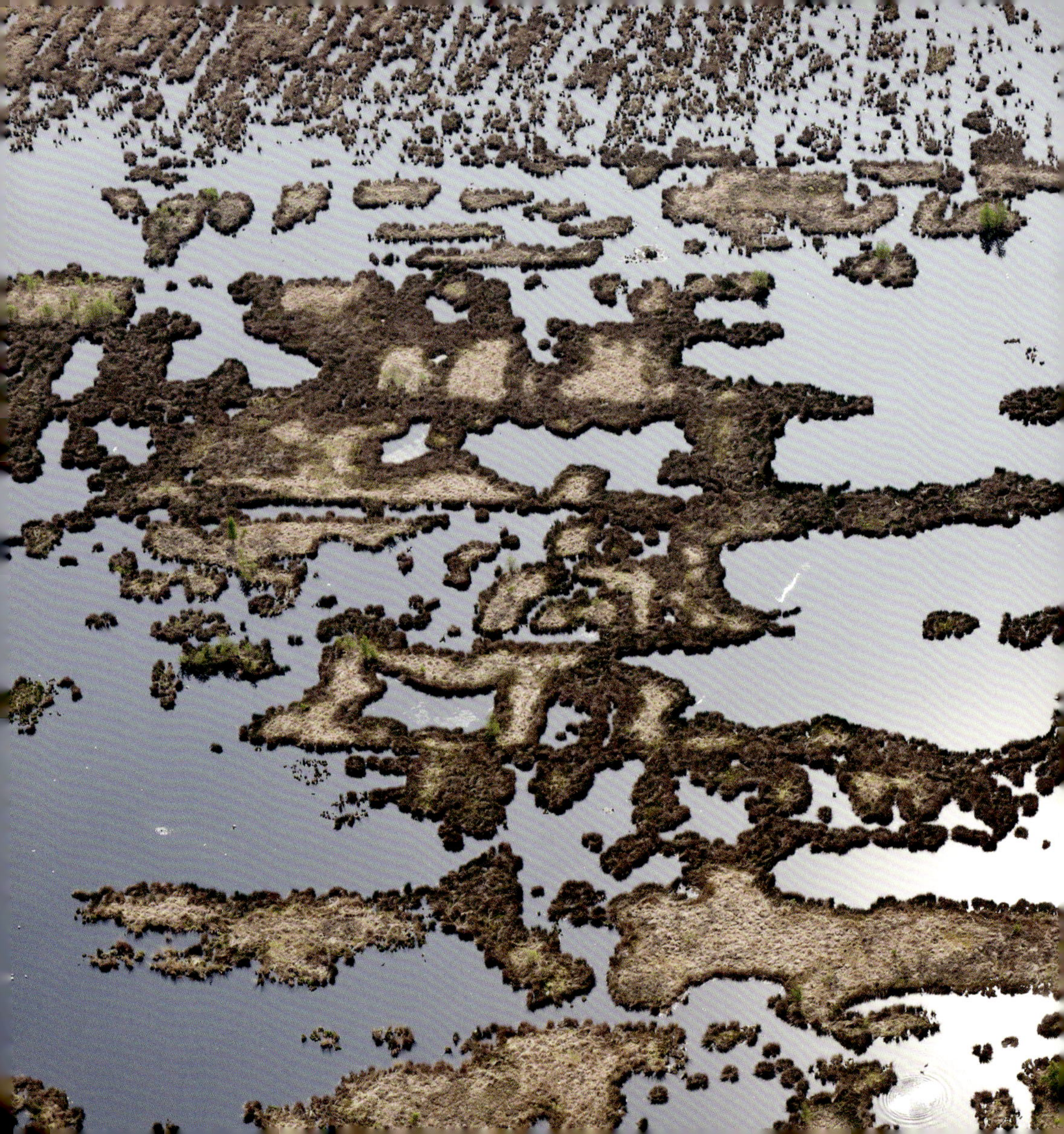

Kraloër heide, Nationaal Park Dwingelderveld

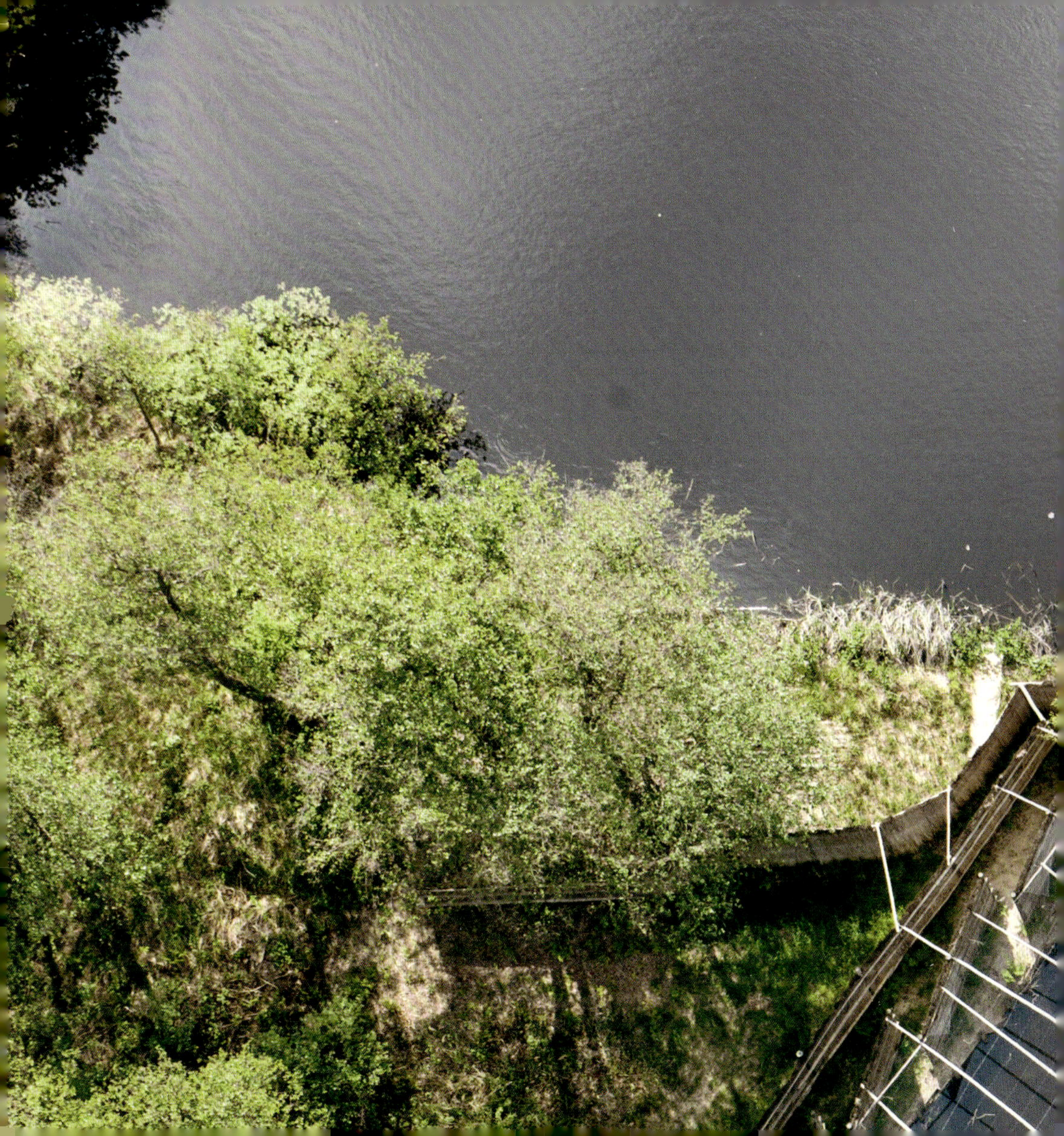

Overijssel

Bolwerksmolen aan de IJssel

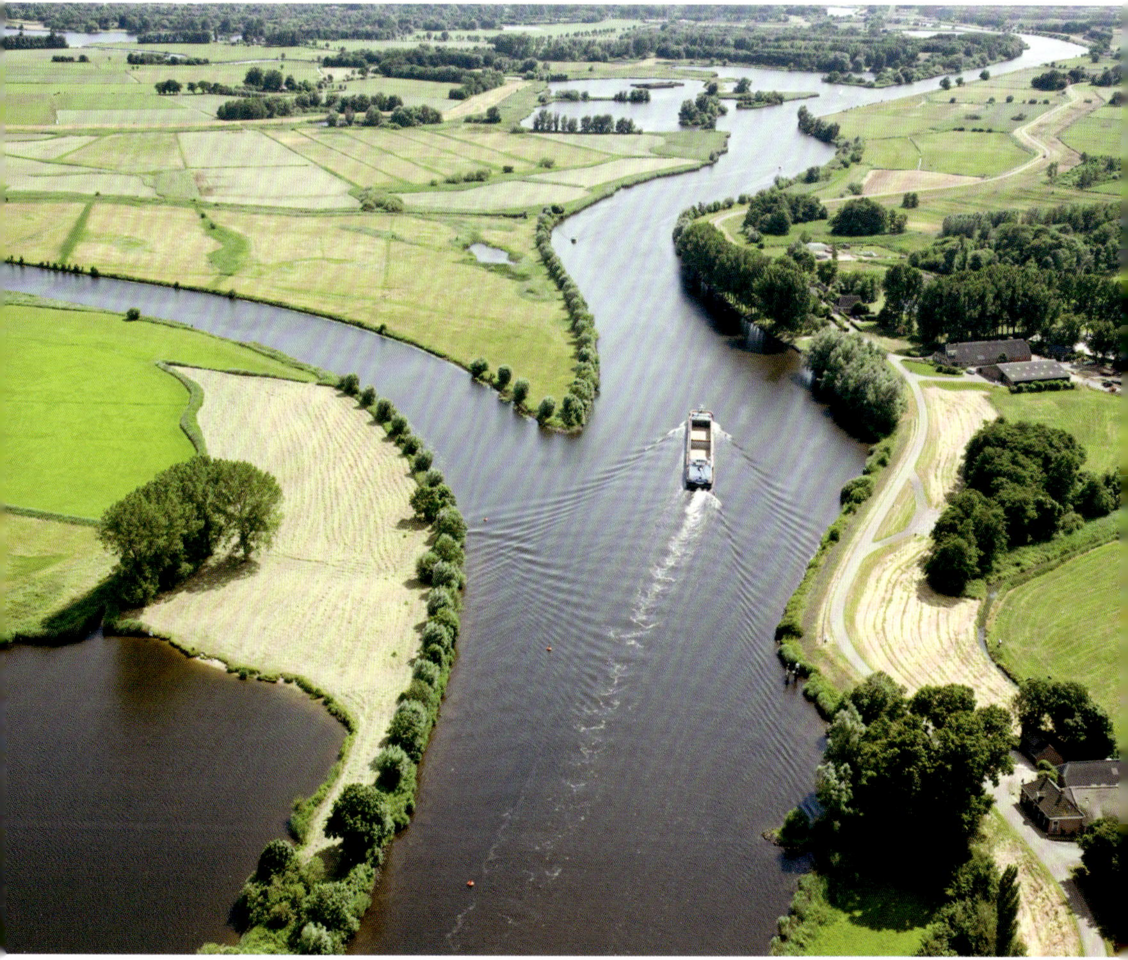

De Kooibomen, zuid van Kalenberg

IJszeilen op de Boerveense plassen

▲ Stadshaard warmtecentrale voor wijk Roombeek, Enschede
(Ontwerp: Arcu Cie, kunstenaar: Hugo Kaagman)

▶ Jacobuskerk, Enschede

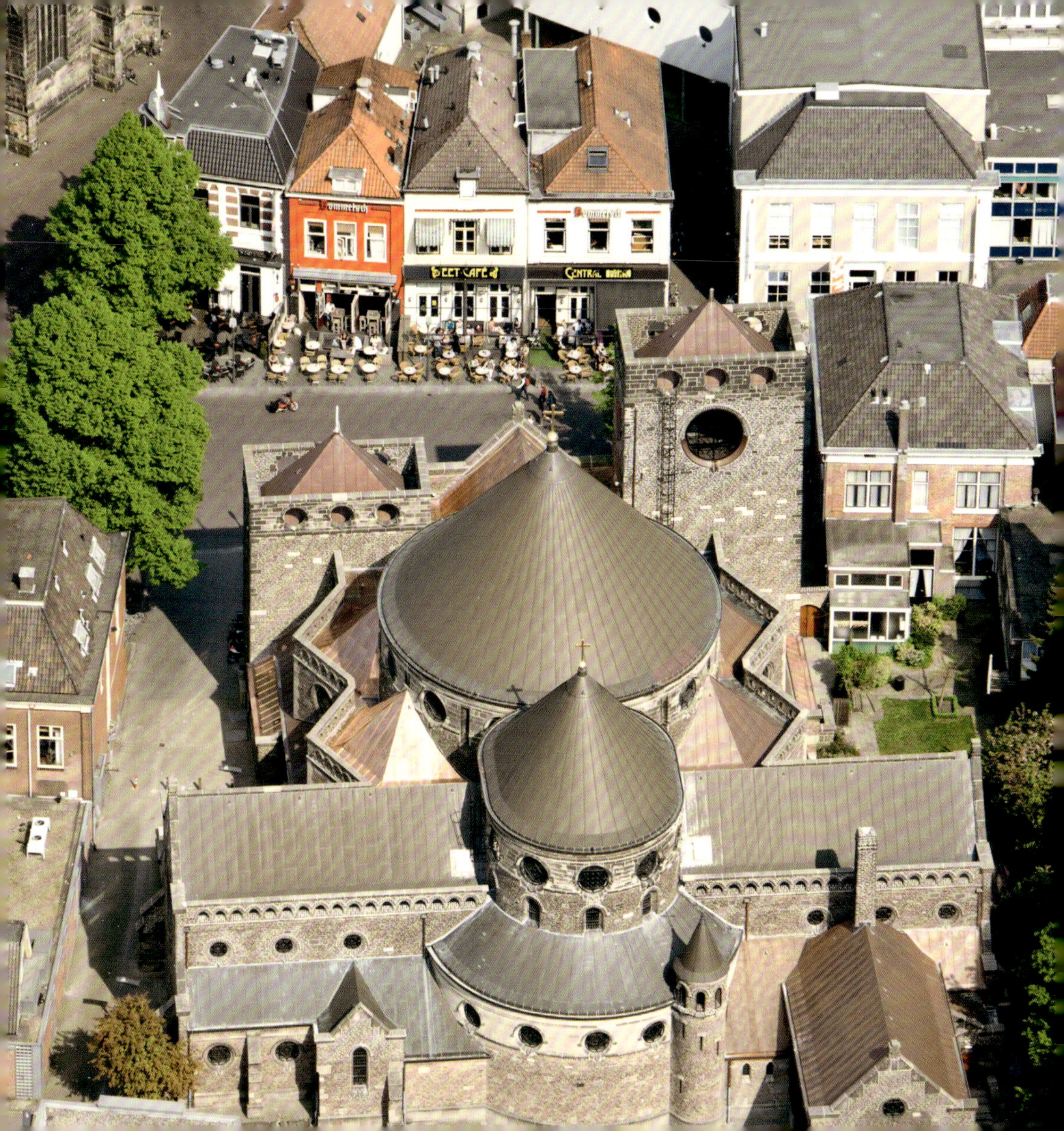
EET-CAFE
CENTRAL

Universiteit Twente,
Enschede

Roombeek,
Enschede

Nuon-kunstwerk *Shall We Dance*, Doetinchem (Floris Schoonderbeek)

Almelo

Villa Rams Woerthe, Steenwijk

Eendenkooi,
Weerribben

▲ Deventer Ziekenhuis
▶ 't Brewinc College, Doetinchem
(Erick van Egeraat Associted Architects)

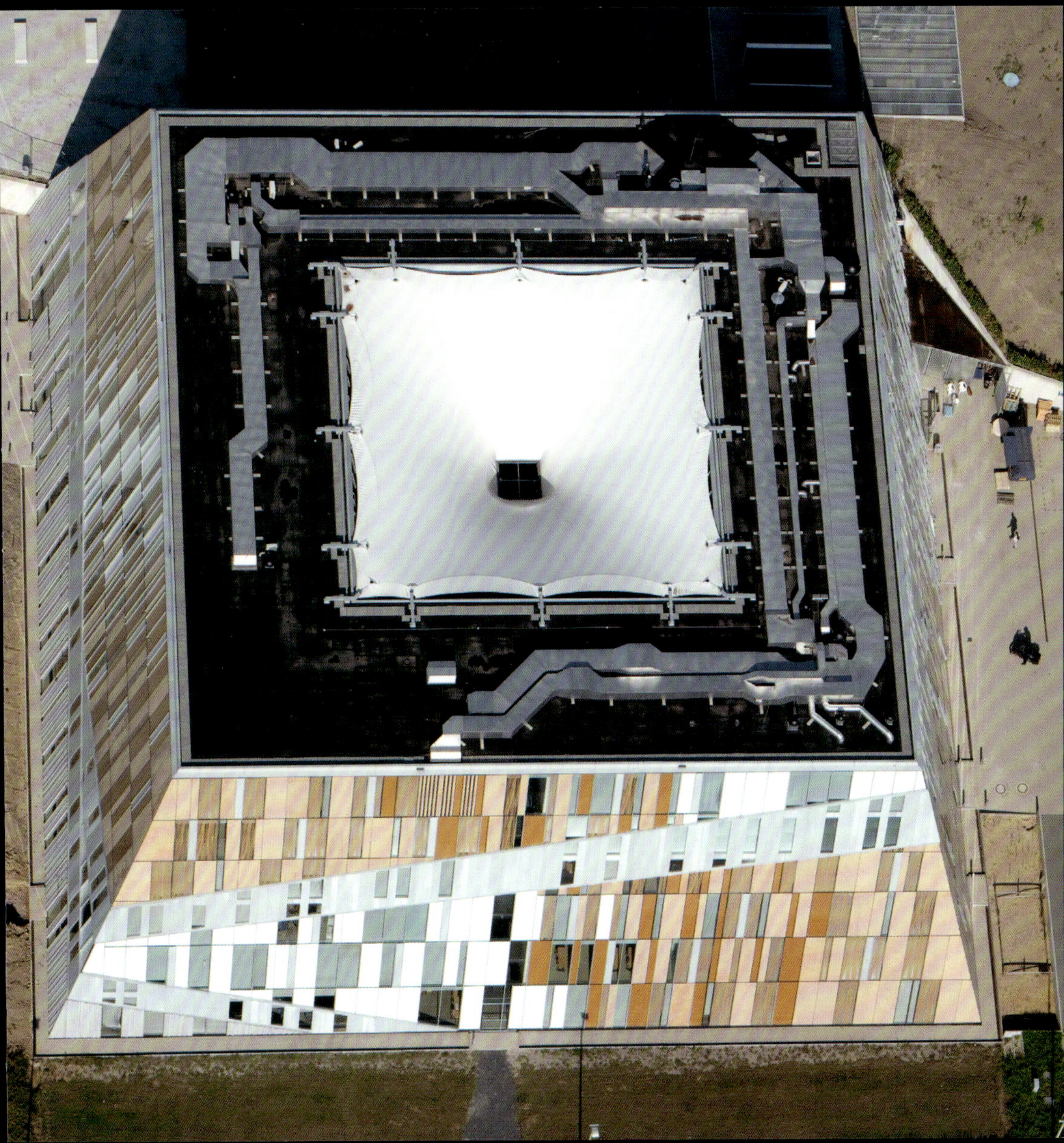

▲ Deventer ▶ Kampen

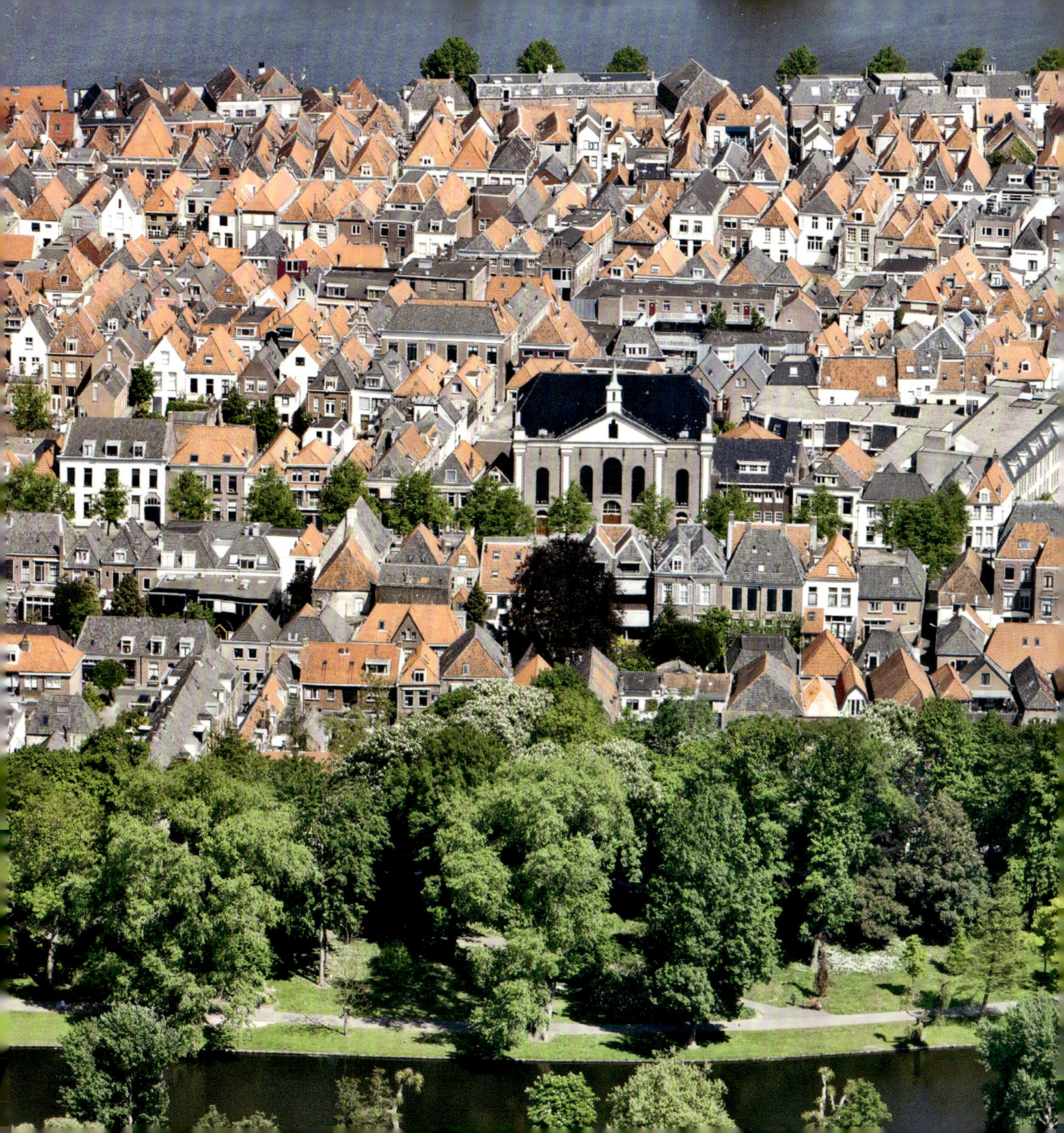

Aanlegplaats bij Zwarte Water, Zwolle

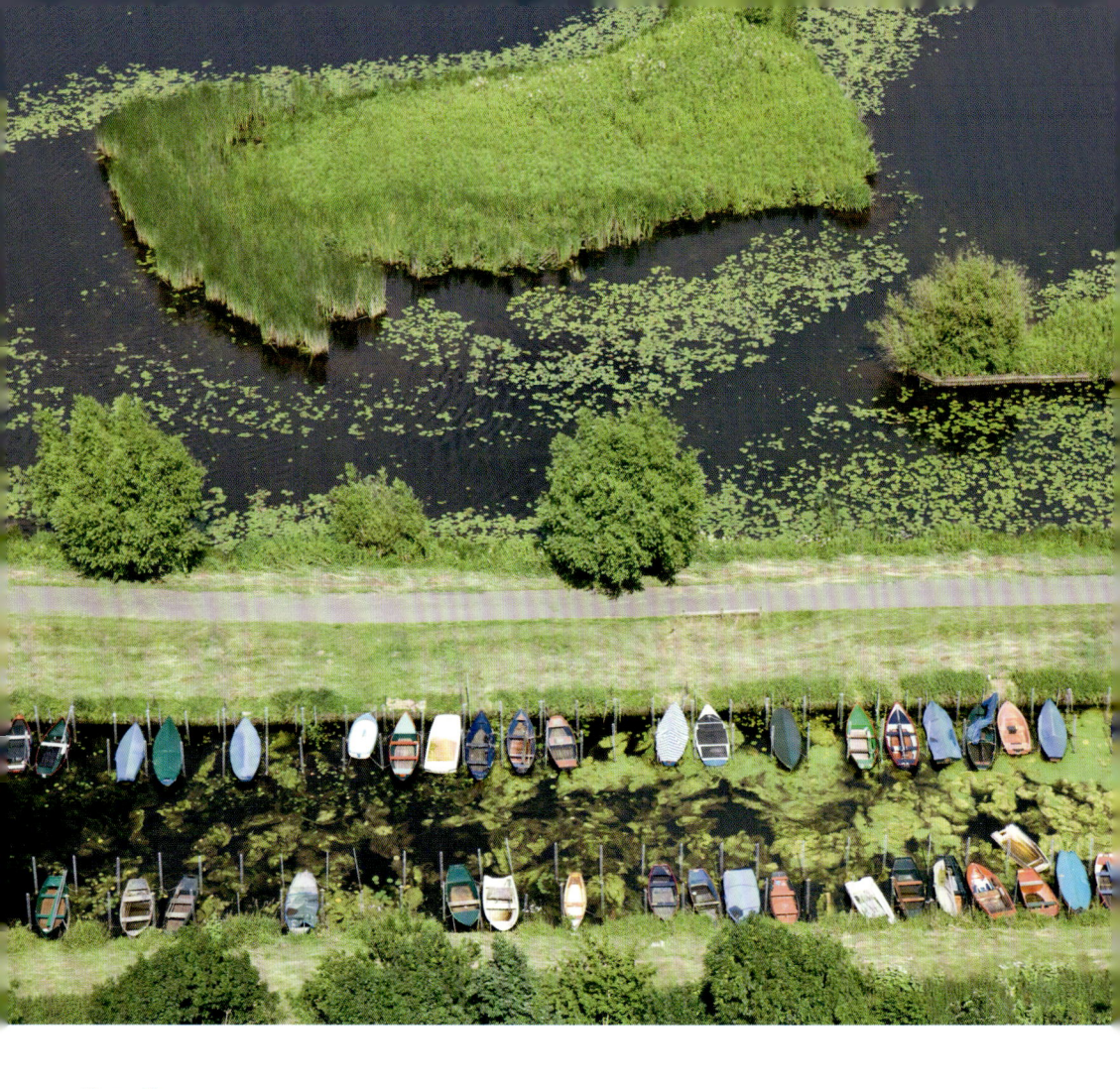

Huize Almelo, Almelo

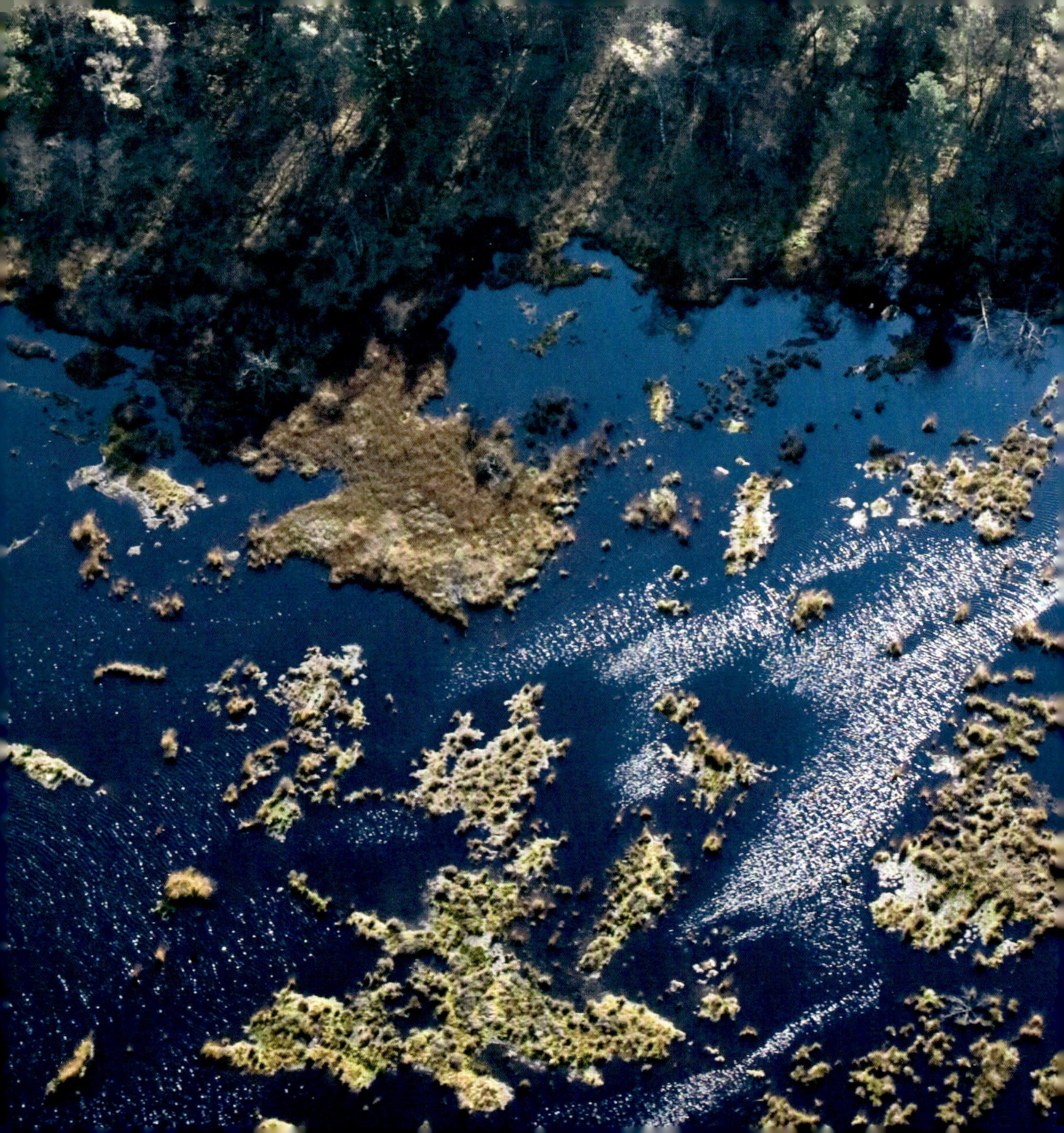

Haaksbergerveen

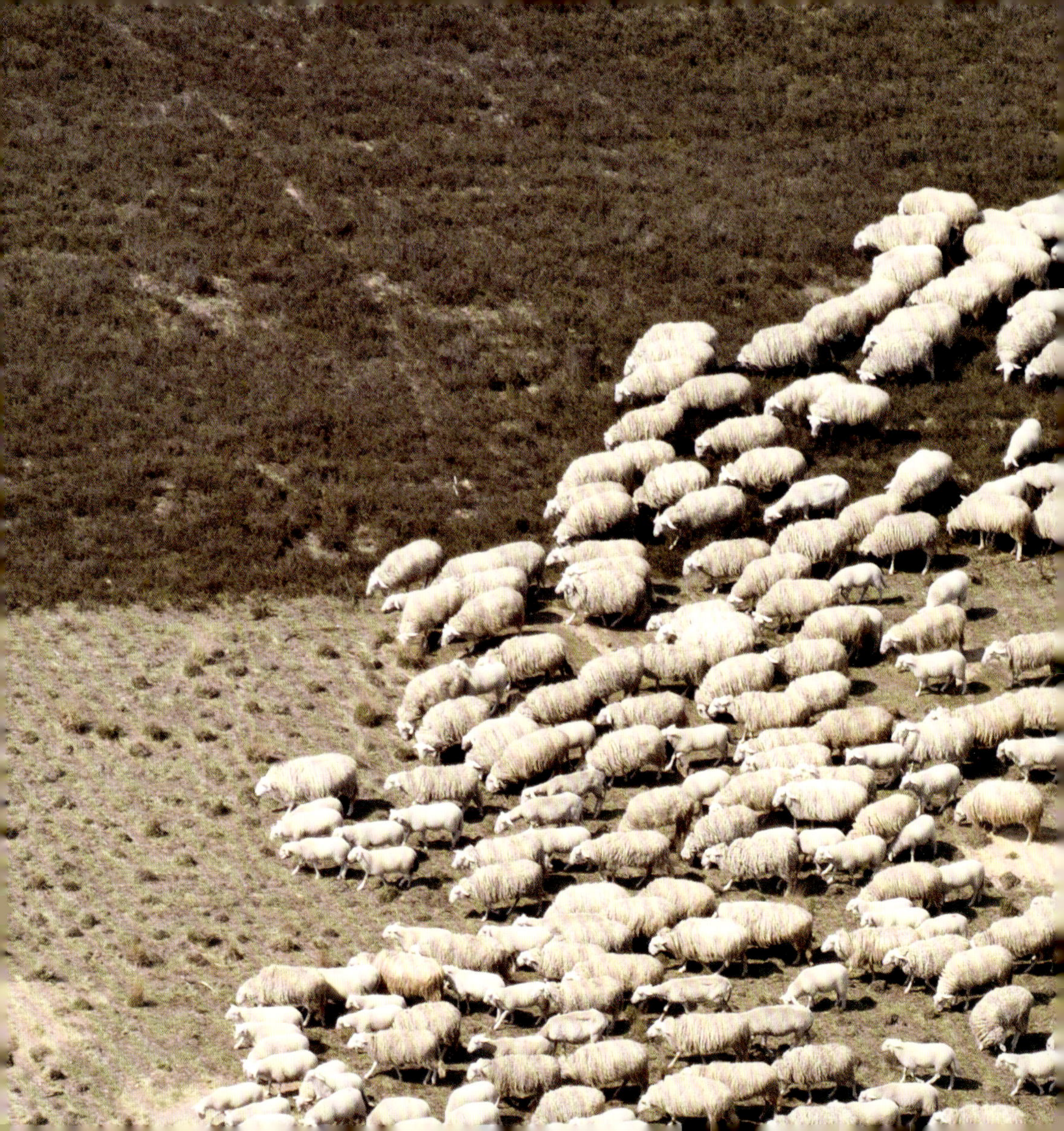

Gelderland

De Ravenswaarden met ruïne Slot Nijenbeek, IJssel

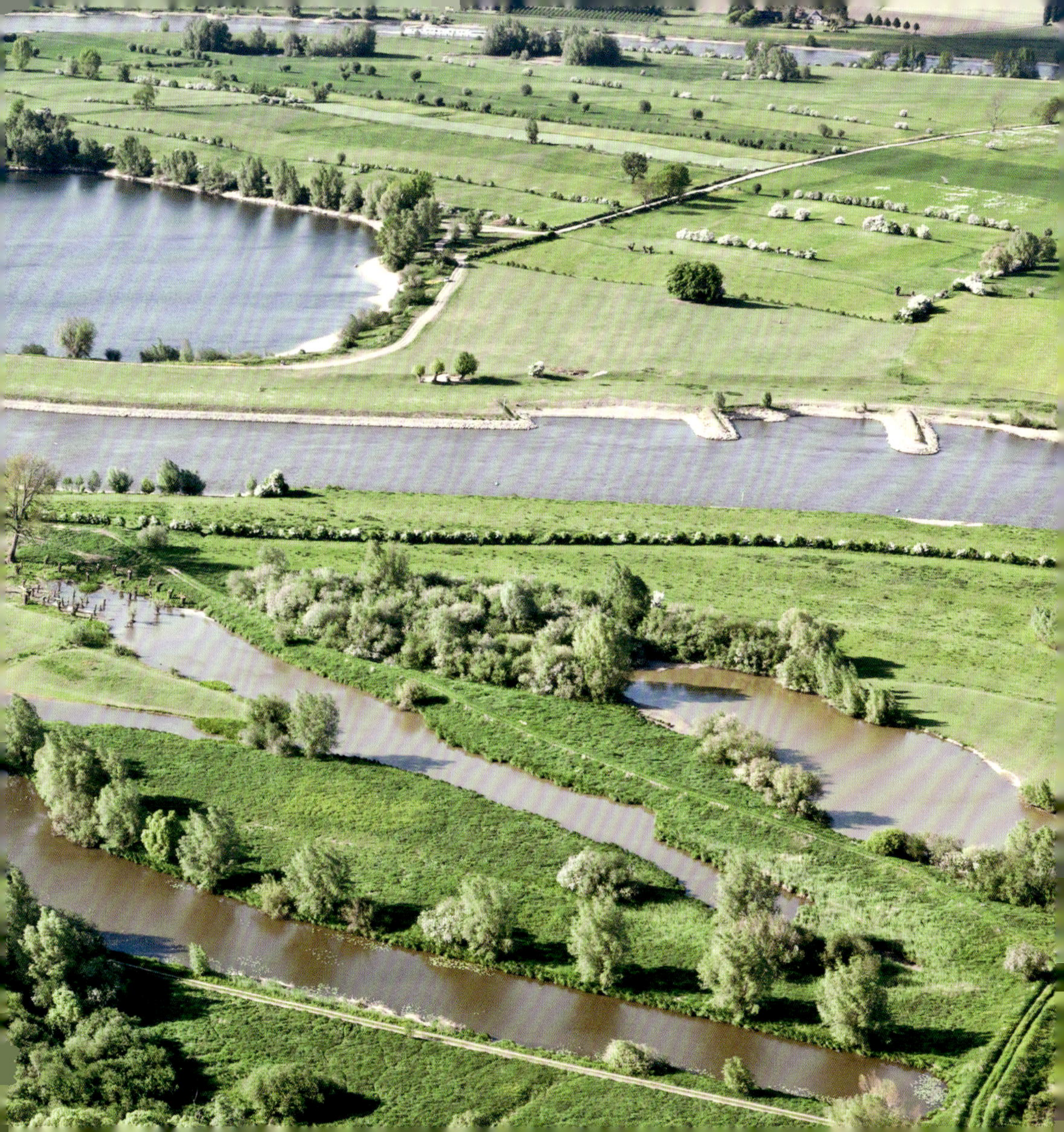

▲ 'Haak en Hoek', omgeving Groenlo
▶ Overijsselsche en Hatersche Vennen

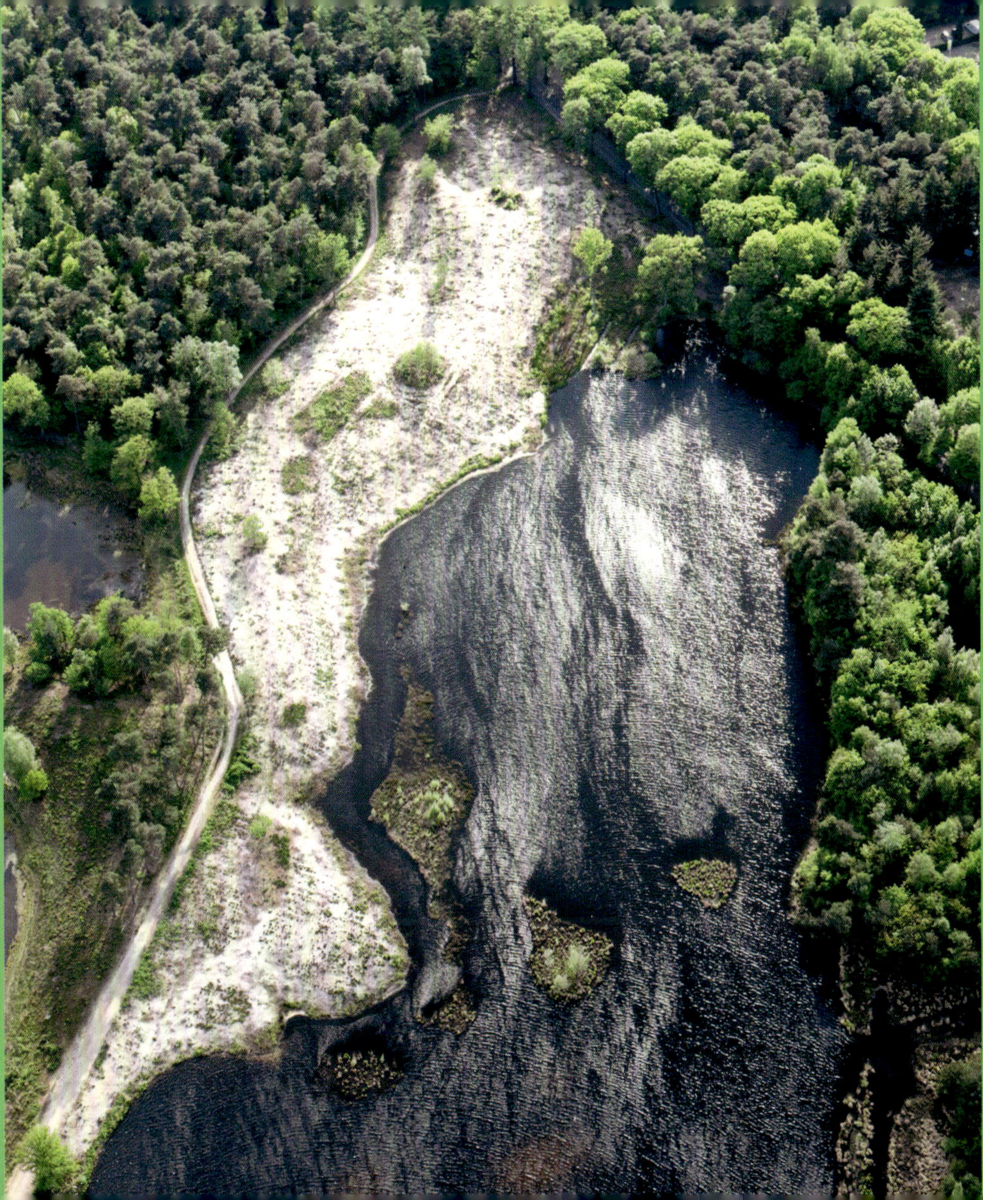

Labyrint in de paleistuinen van Het Loo, Apeldoorn

Koninklijke Stallen bij paleis Het Loo

De Bunte, Nunspeet

Buren

Kruising Laan Der Verenigde Naties, Ede

Rotonde Rooseveltweg, Wageningen

Fort Goilberdingen na sneeuwbui bij Culemborg

Bevrijdingsfeest, Wageningen

Geplagde heide, Hoge Veluwe

Schapenkudde op de Ermelosche Heide

Radio Kootwijk

Oud Reemster veld, Nationaal Park De Hoge Veluwe

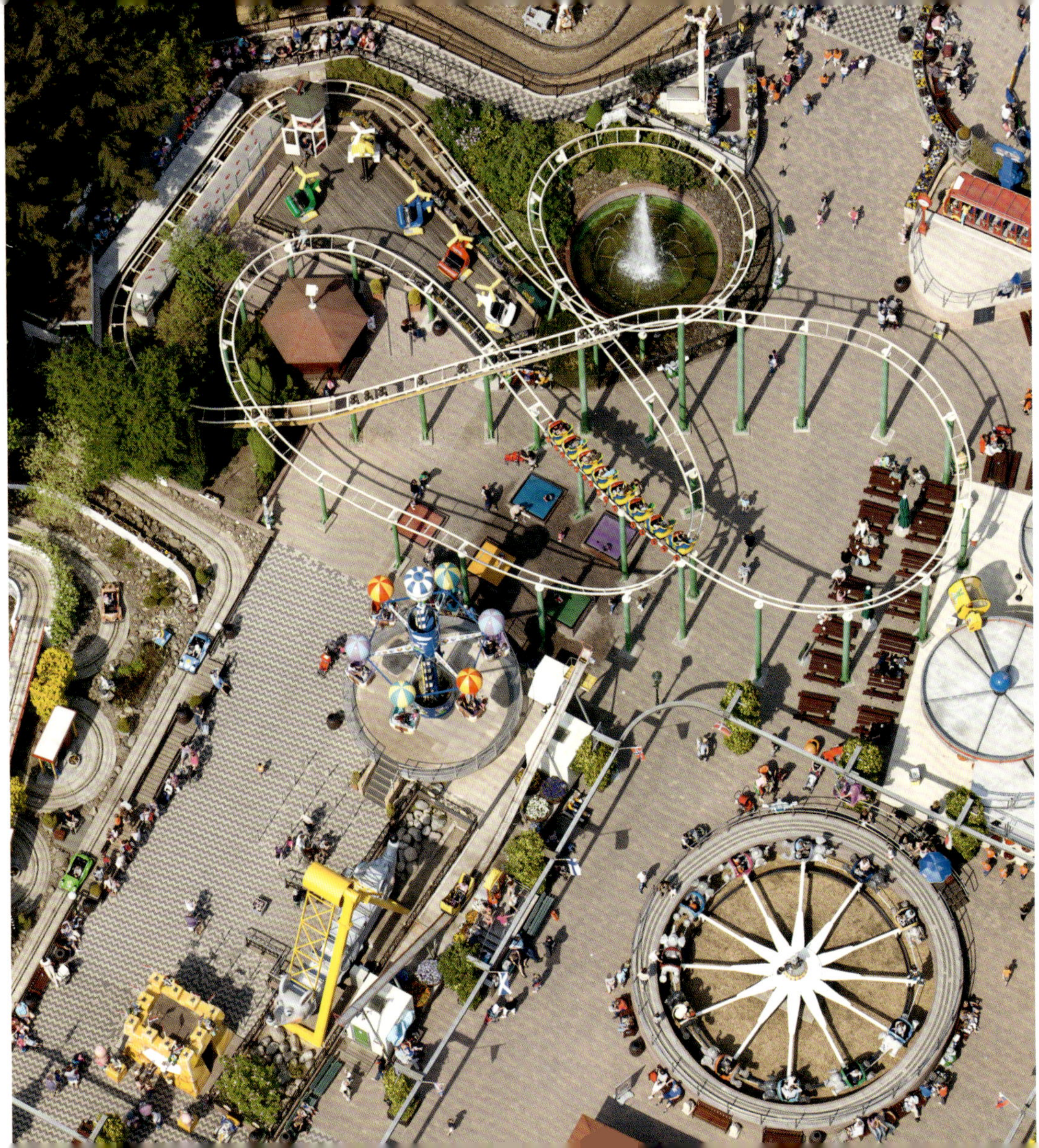

▲ Het Kasteel, Apeldoorn
◀ Familiepretpark Koningin Juliana Toren, Apeldoorn

Paardenmarkt, Hedel

Kasteel Ammersoyen, Ammerzoden

Elburg

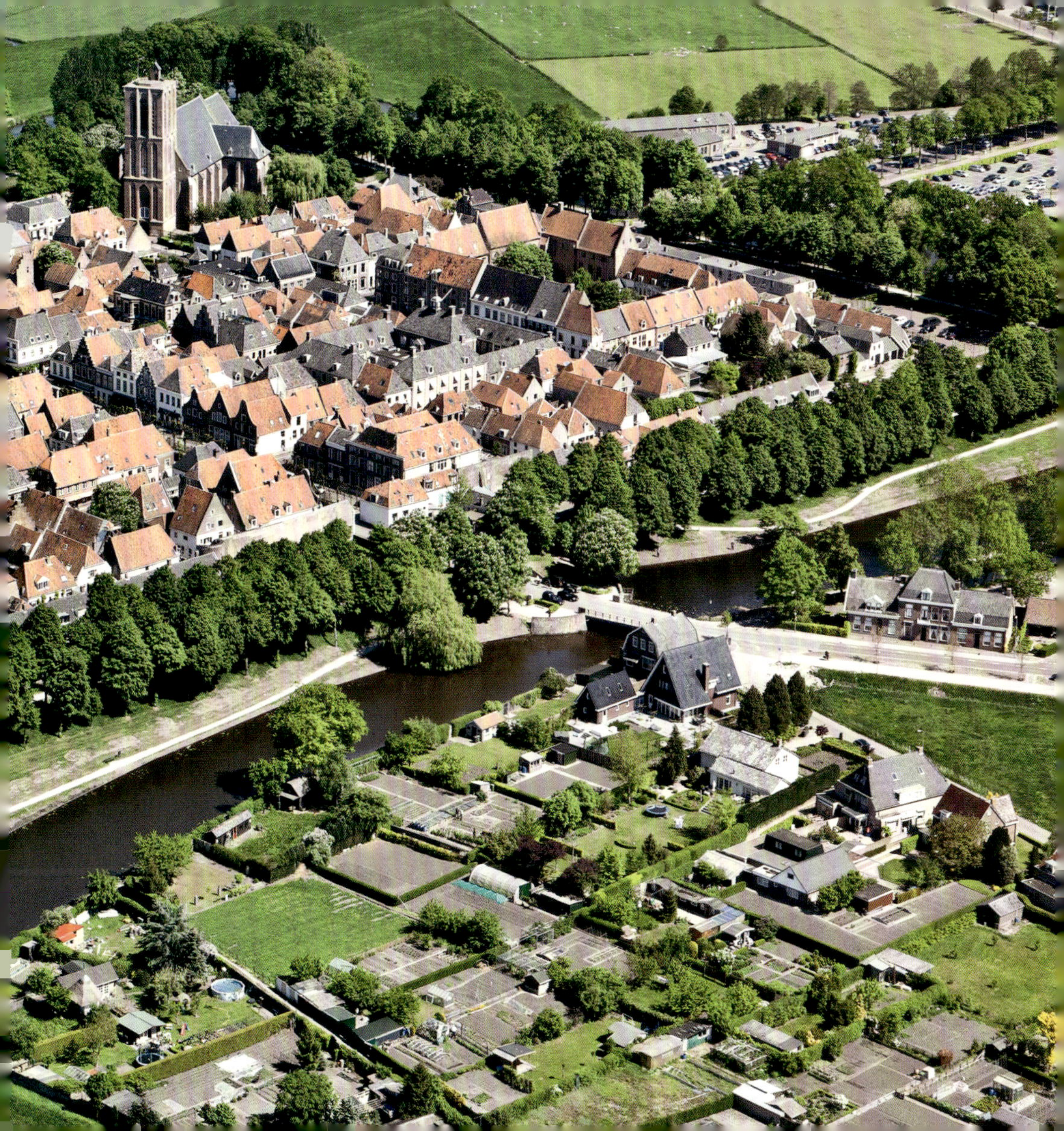

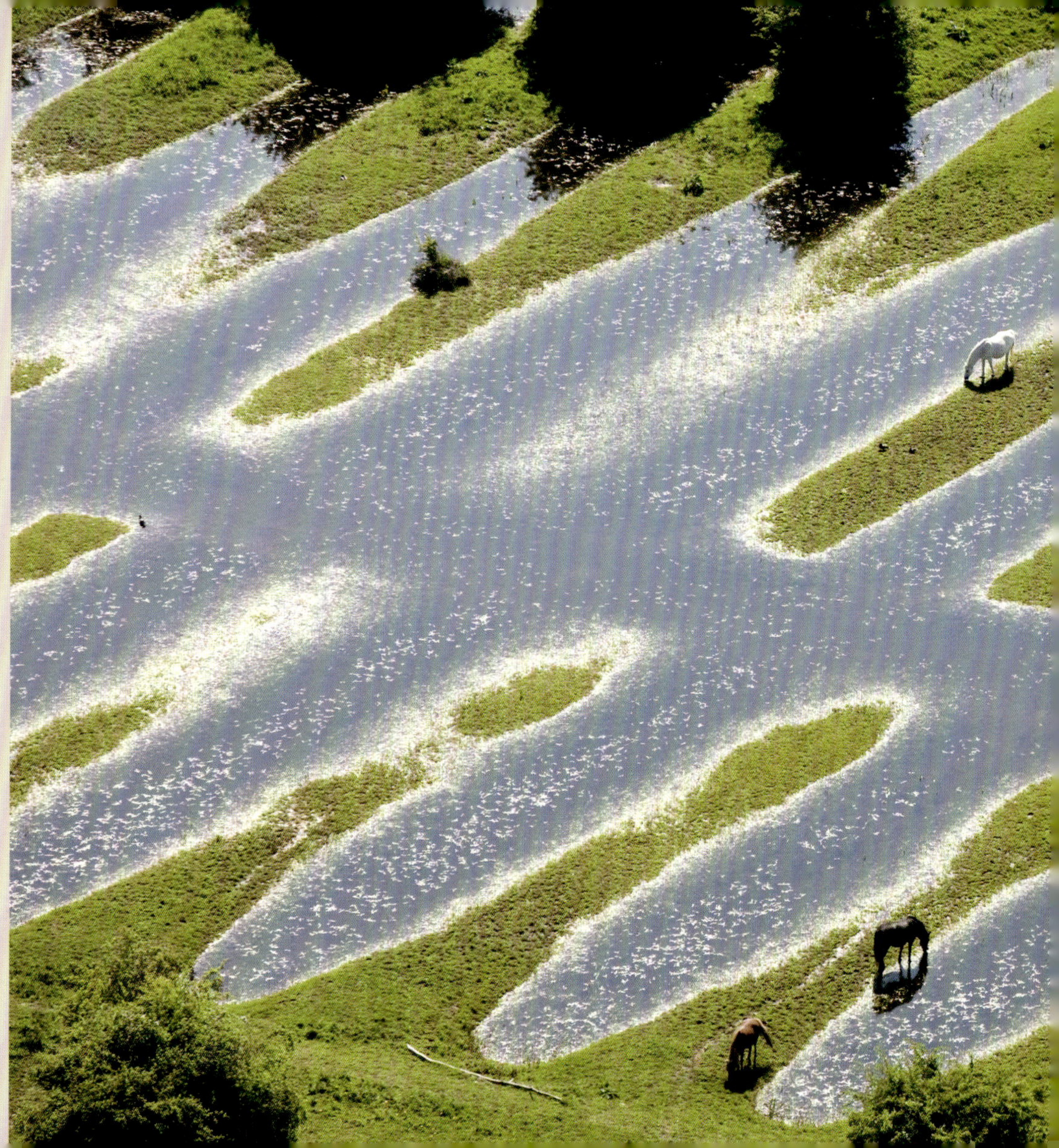

Loowaard, Pannerdensch Kanaal

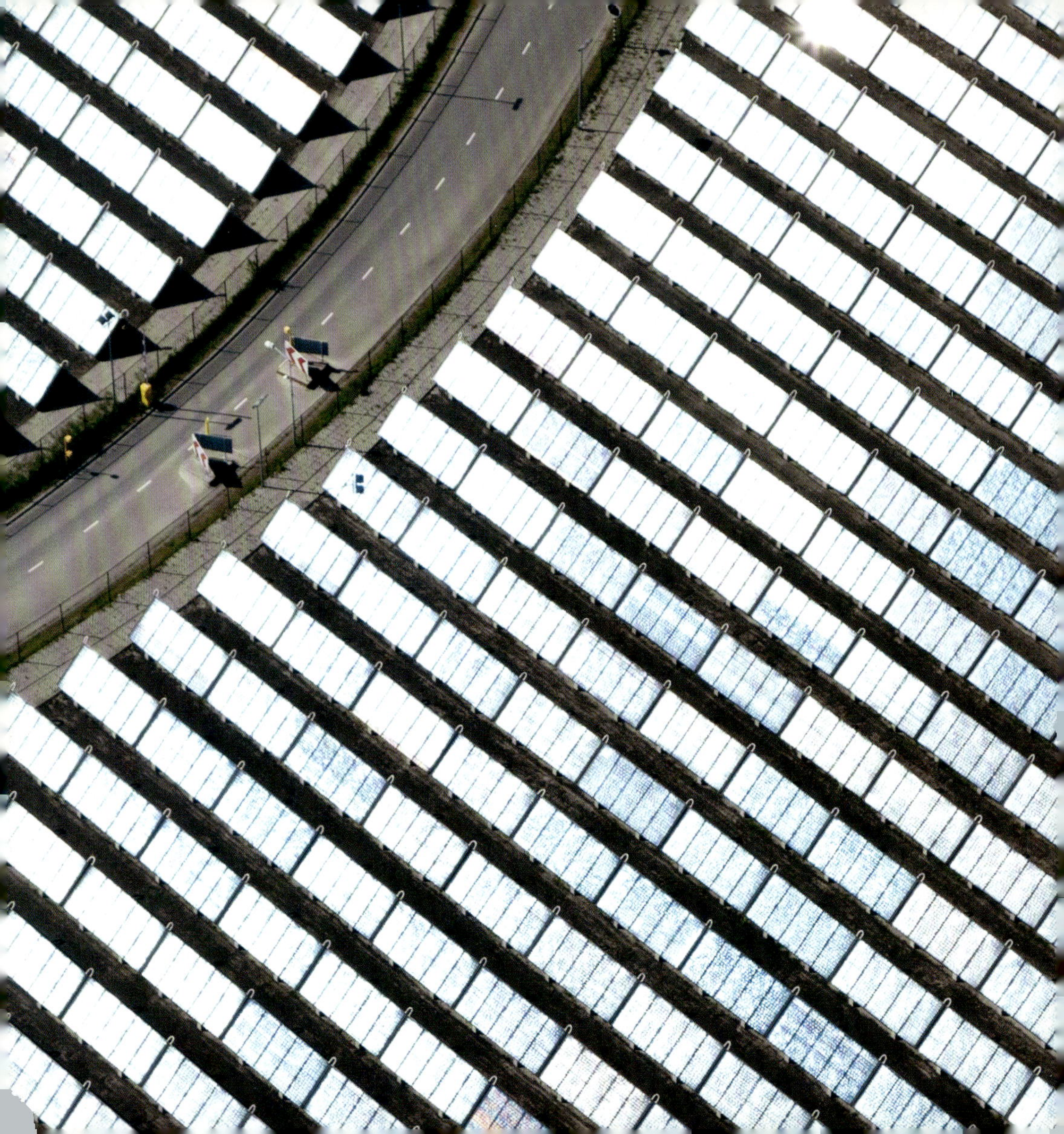

Flevoland

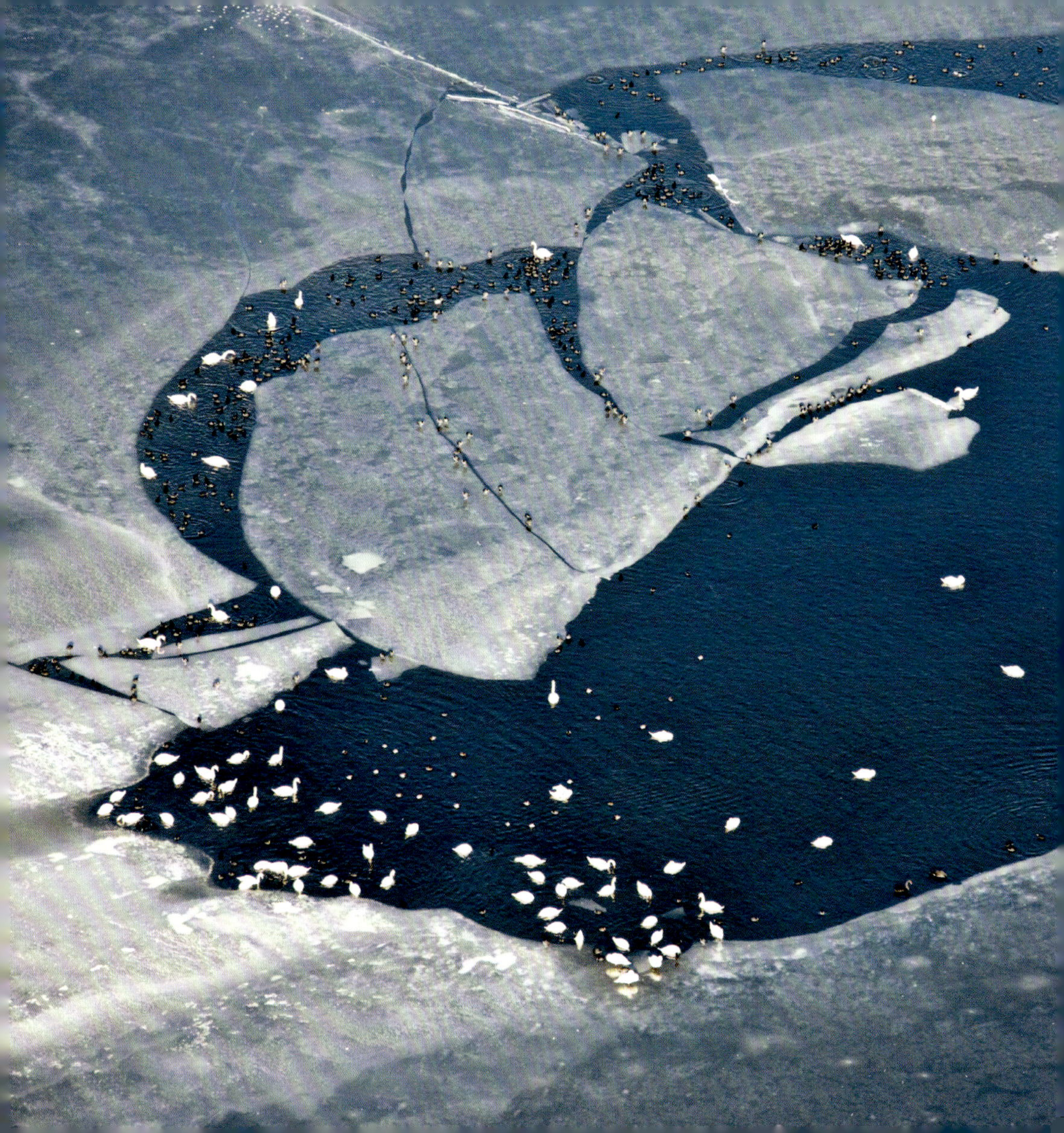

▲ Jachthaven Marina Muiderzand, Almere
◀ Veluwemeer

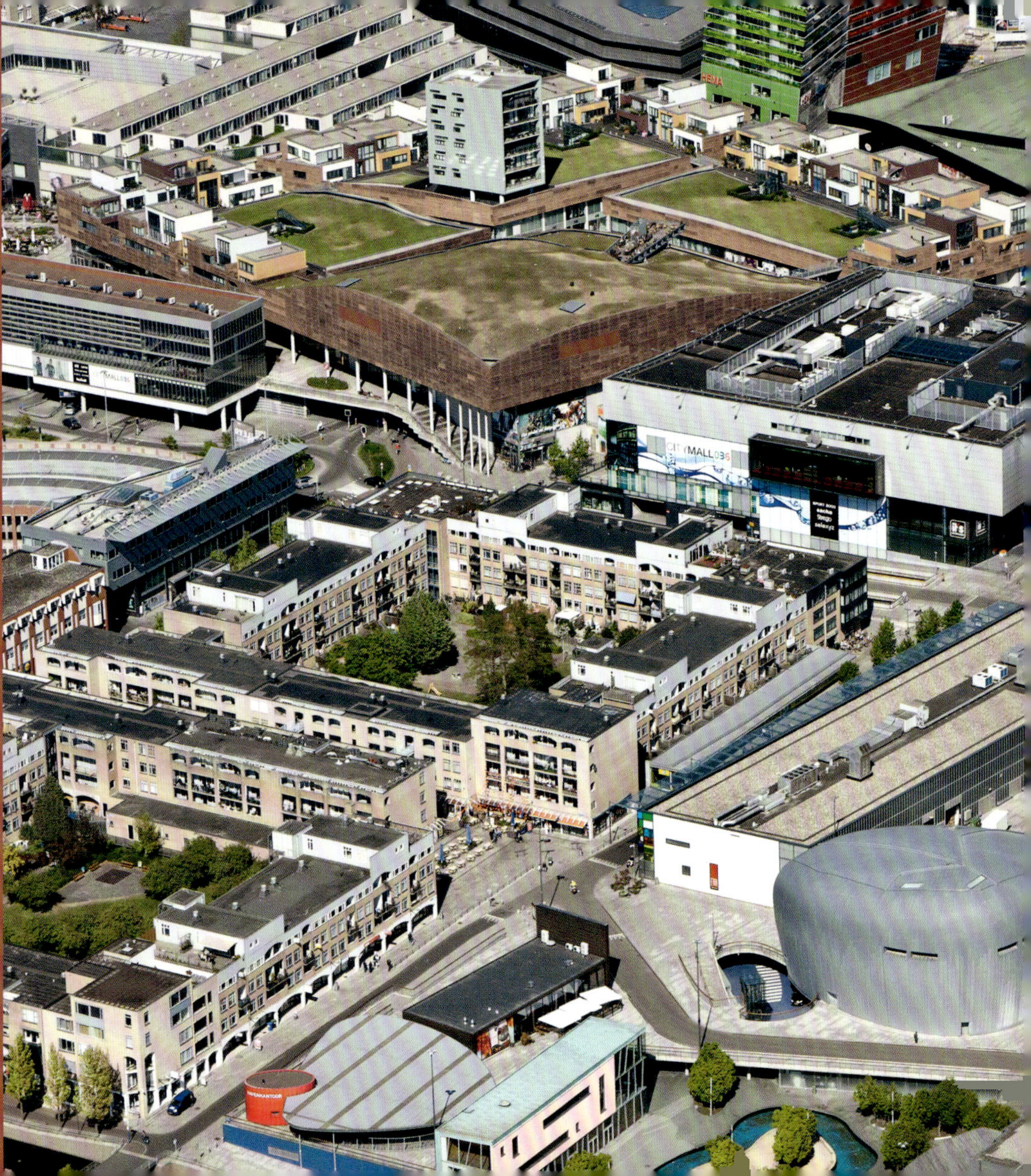

Almere

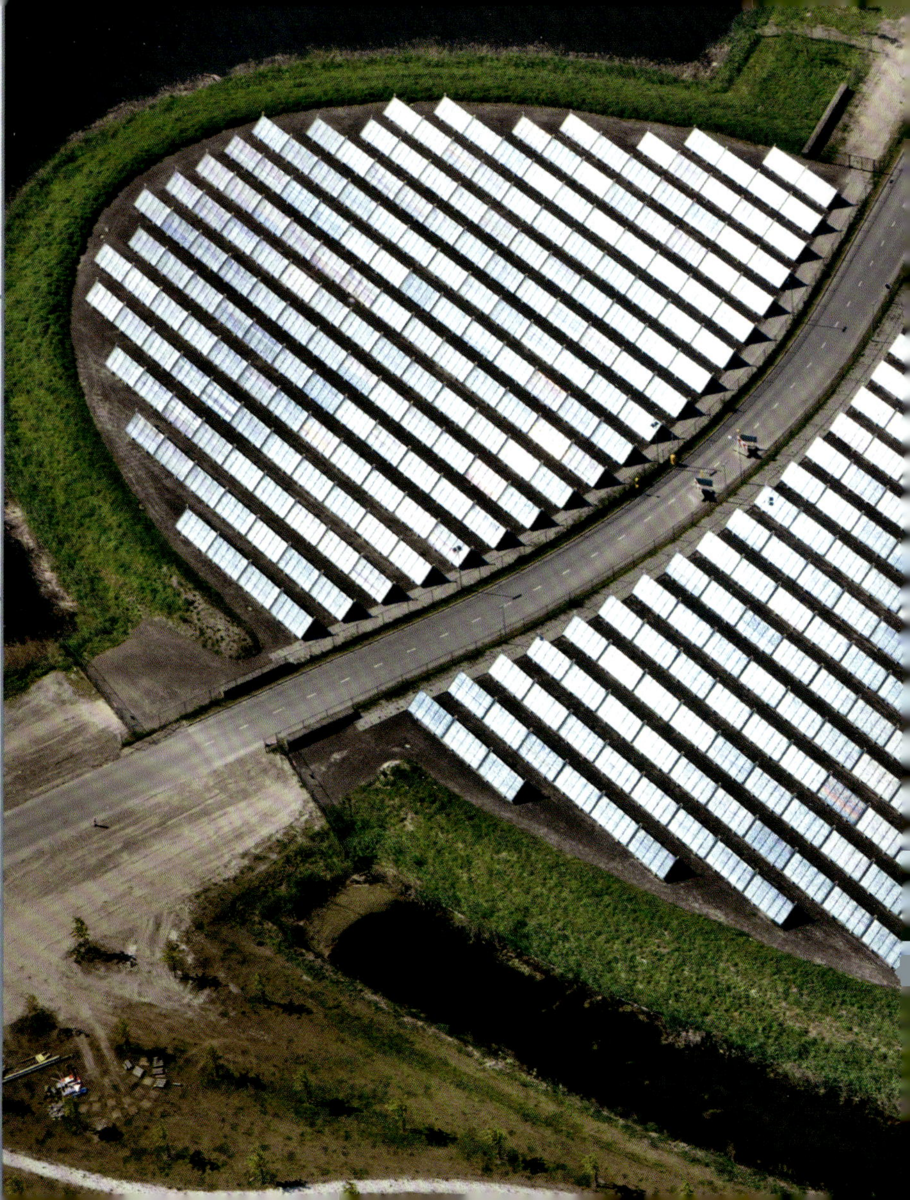

Zoneiland voor 2700 woningen in Almere

Almere

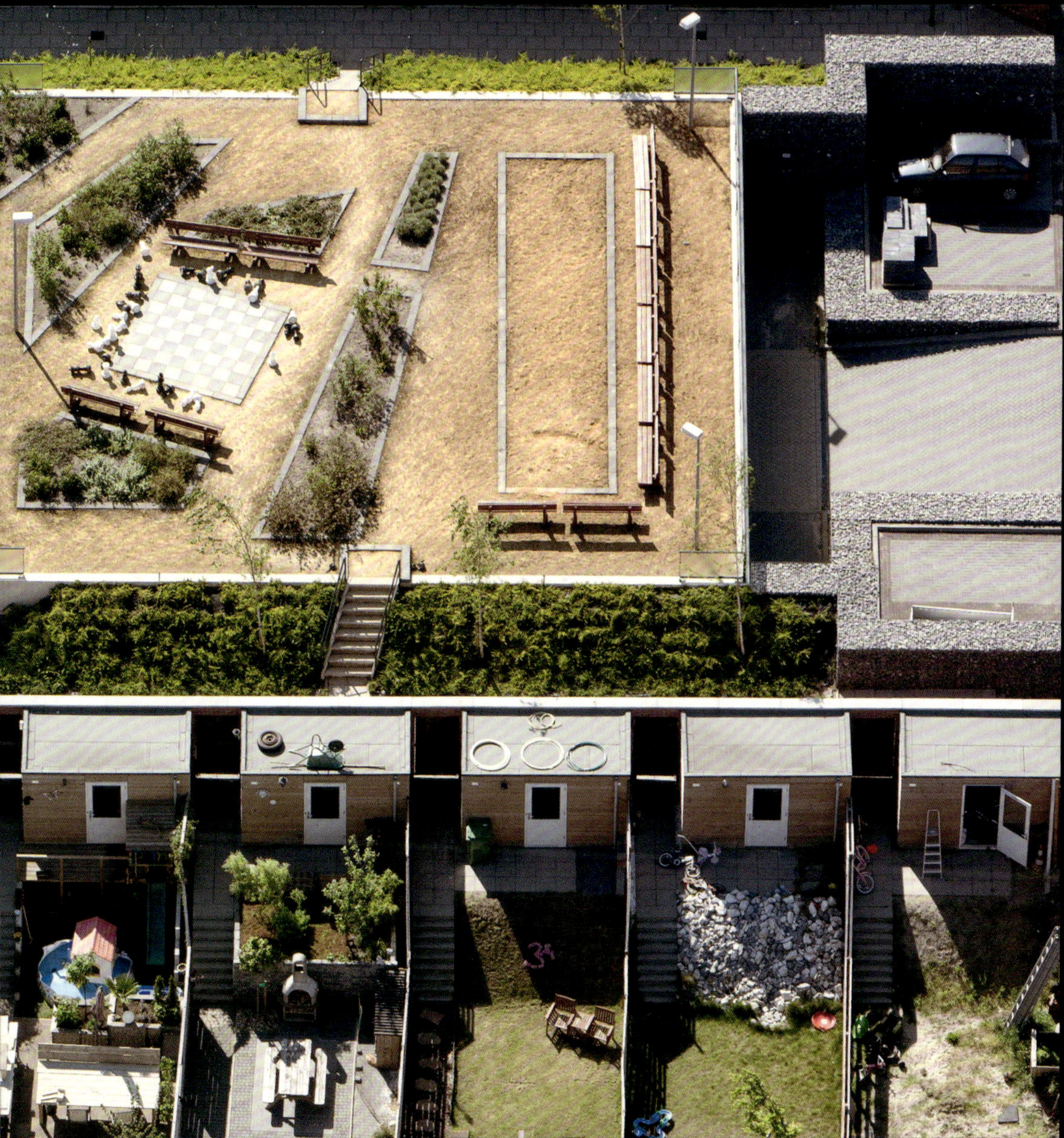

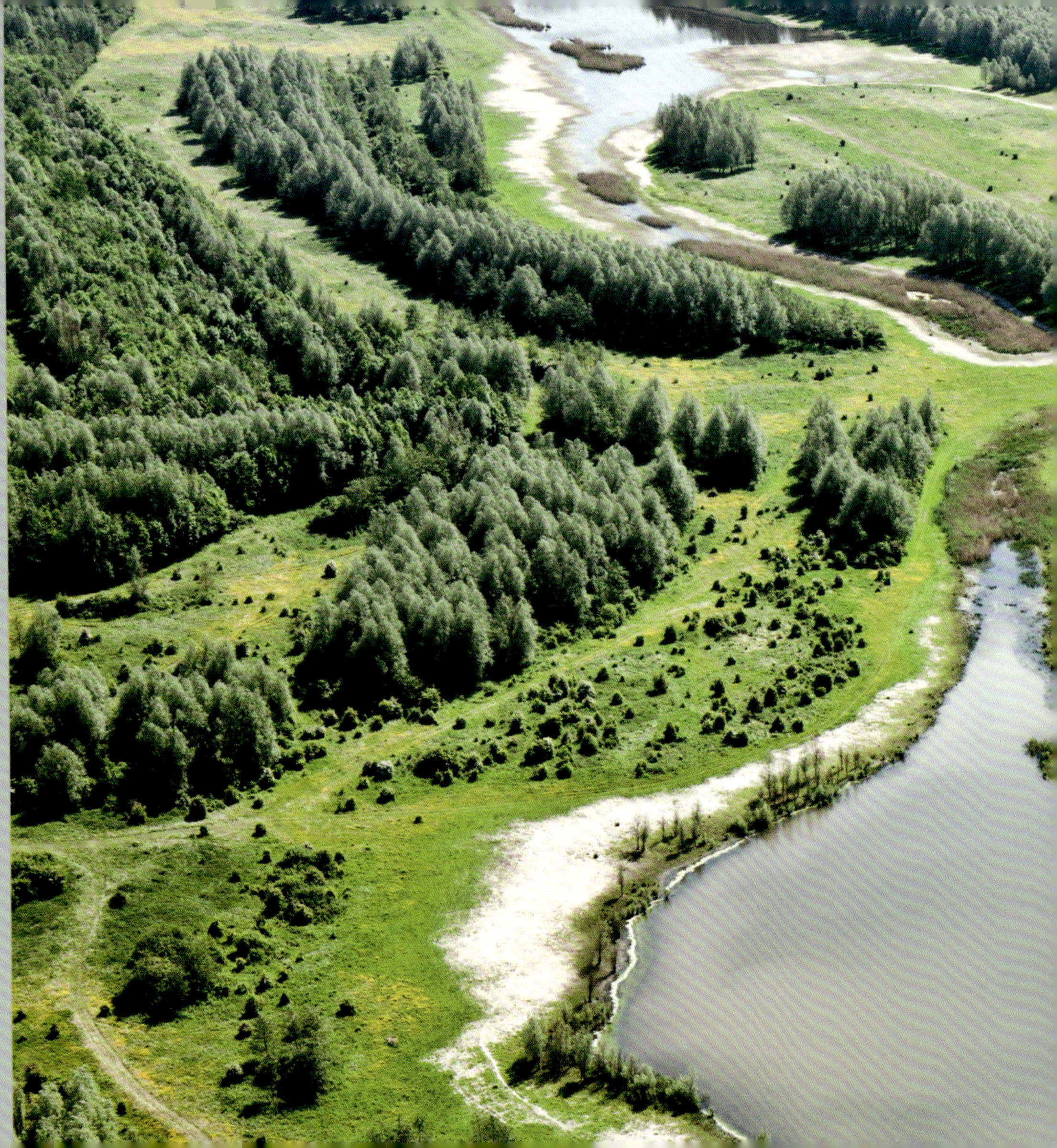

'De Stille Kern', Horsterwoud

▲ Openbare Golfclub Dronten
▶ Eilandje De Kluut in het Veluwemeer

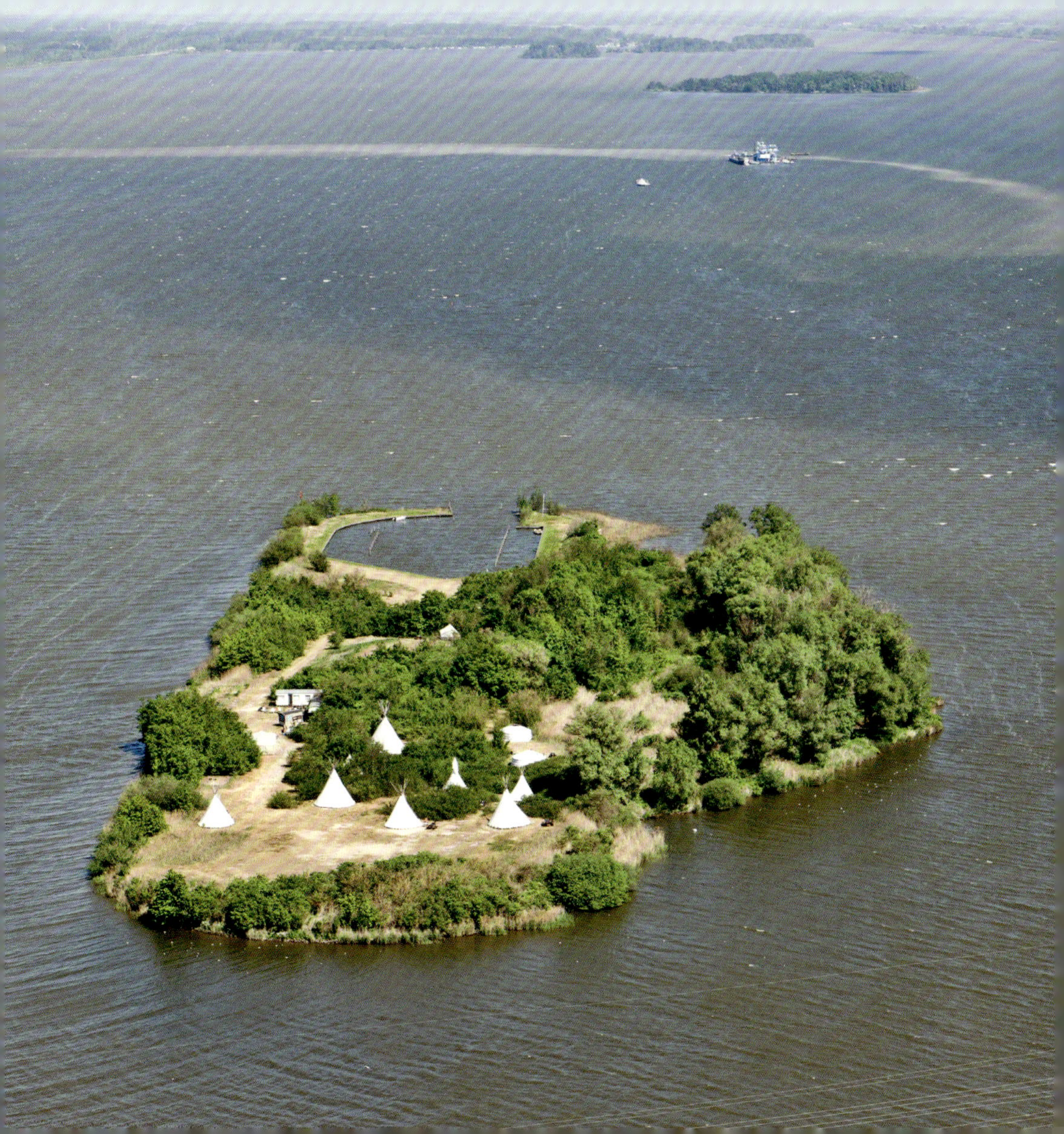

Strand langs het Veluwemeer, Biddinghuizen

Elektriciteitsmast
in het Ketelmeer

▲ Hulkesteinse Bos
▶ Erkemederstrand, Nuldernauw

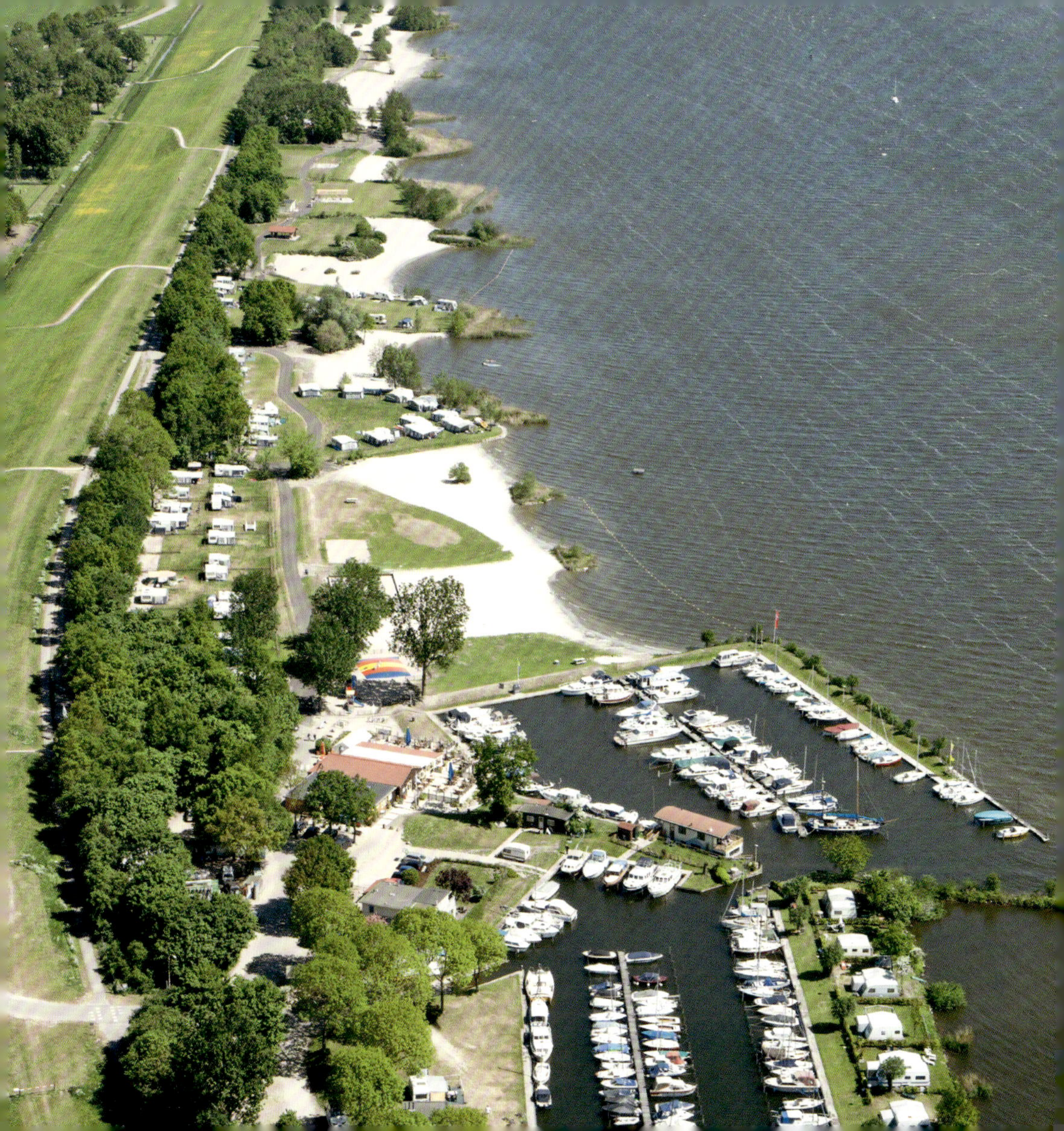

Eilandjes in het Drontermeer

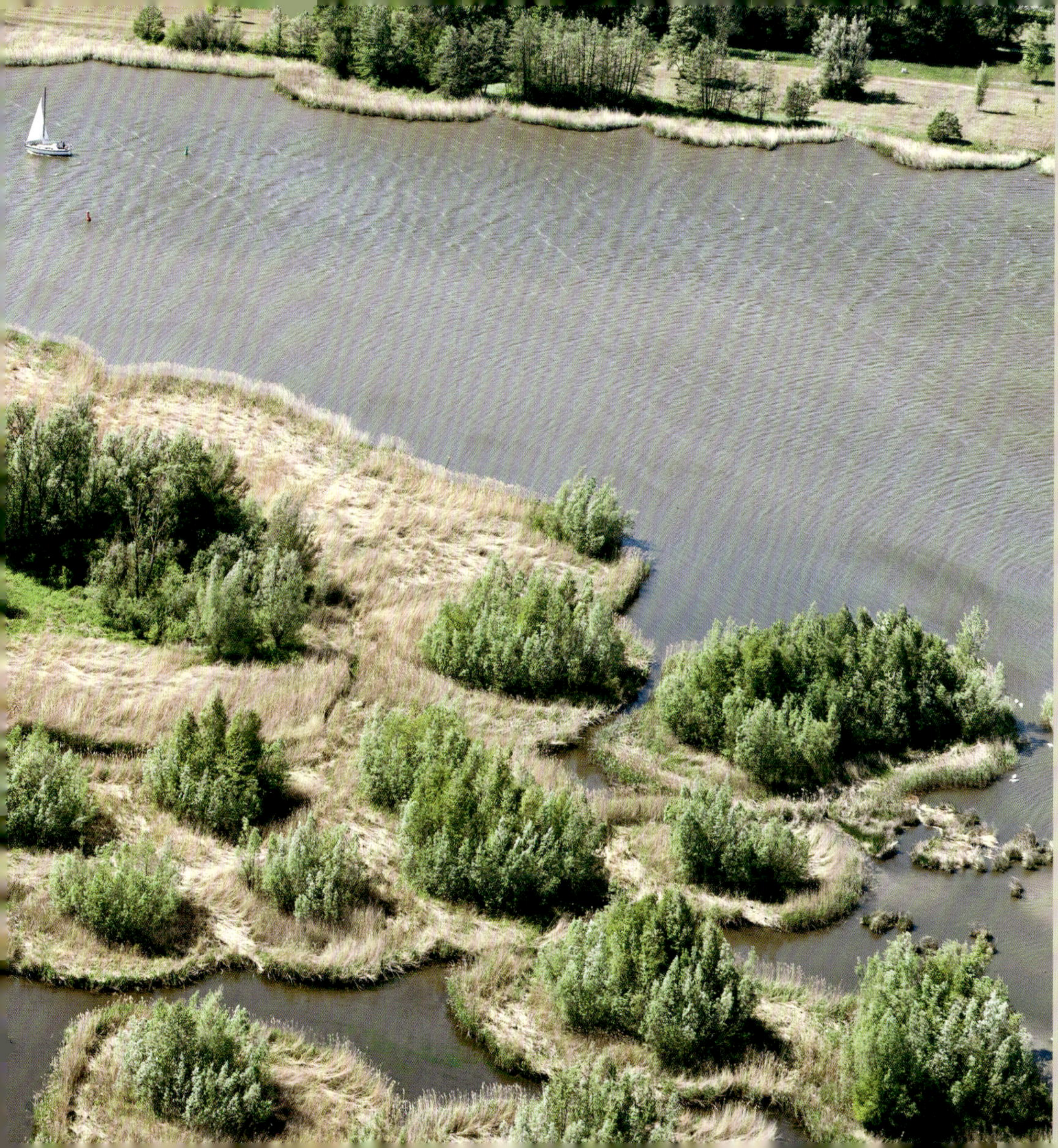

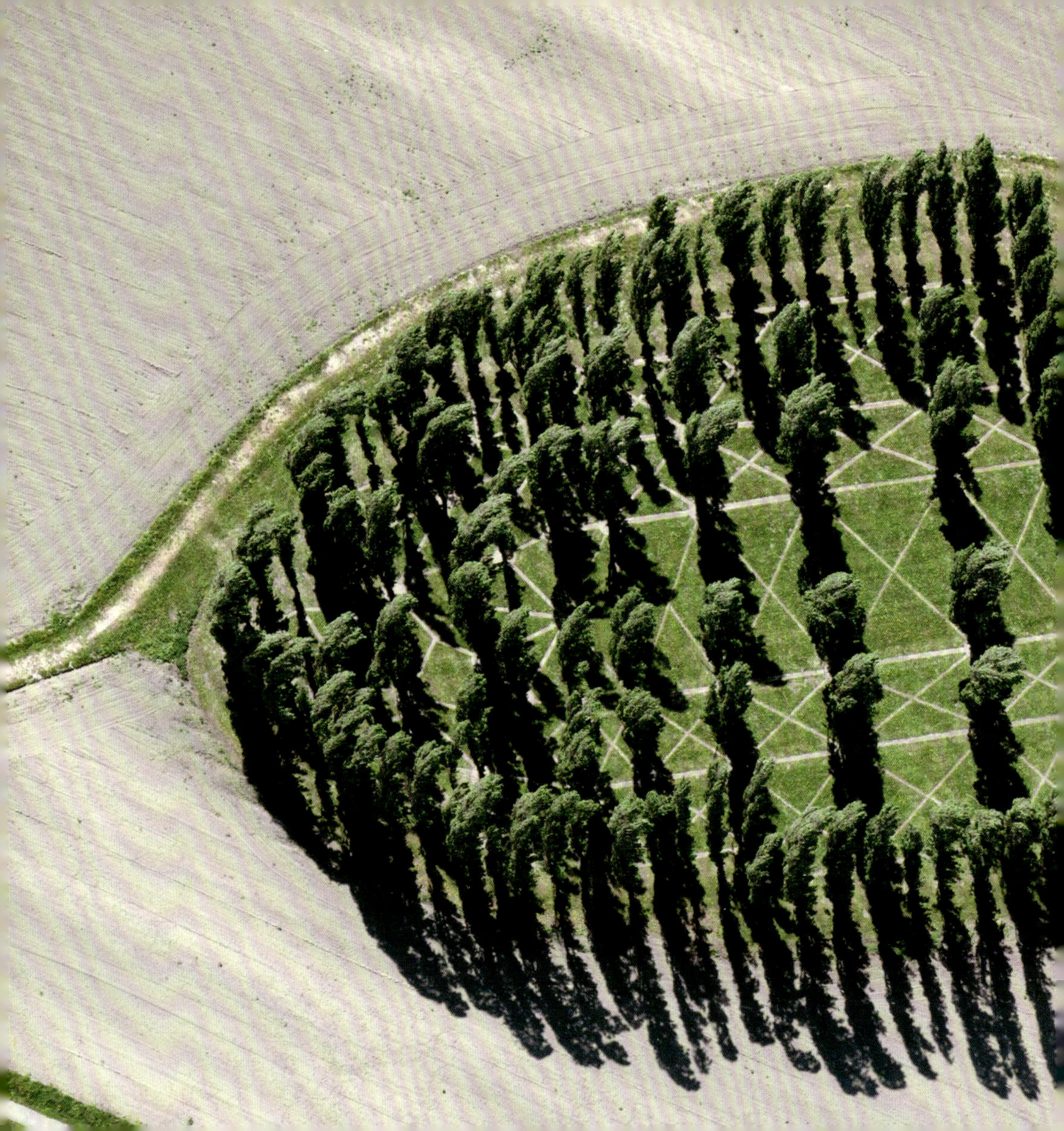

De Groene Kathedraal van Marinus Boezem, Almere

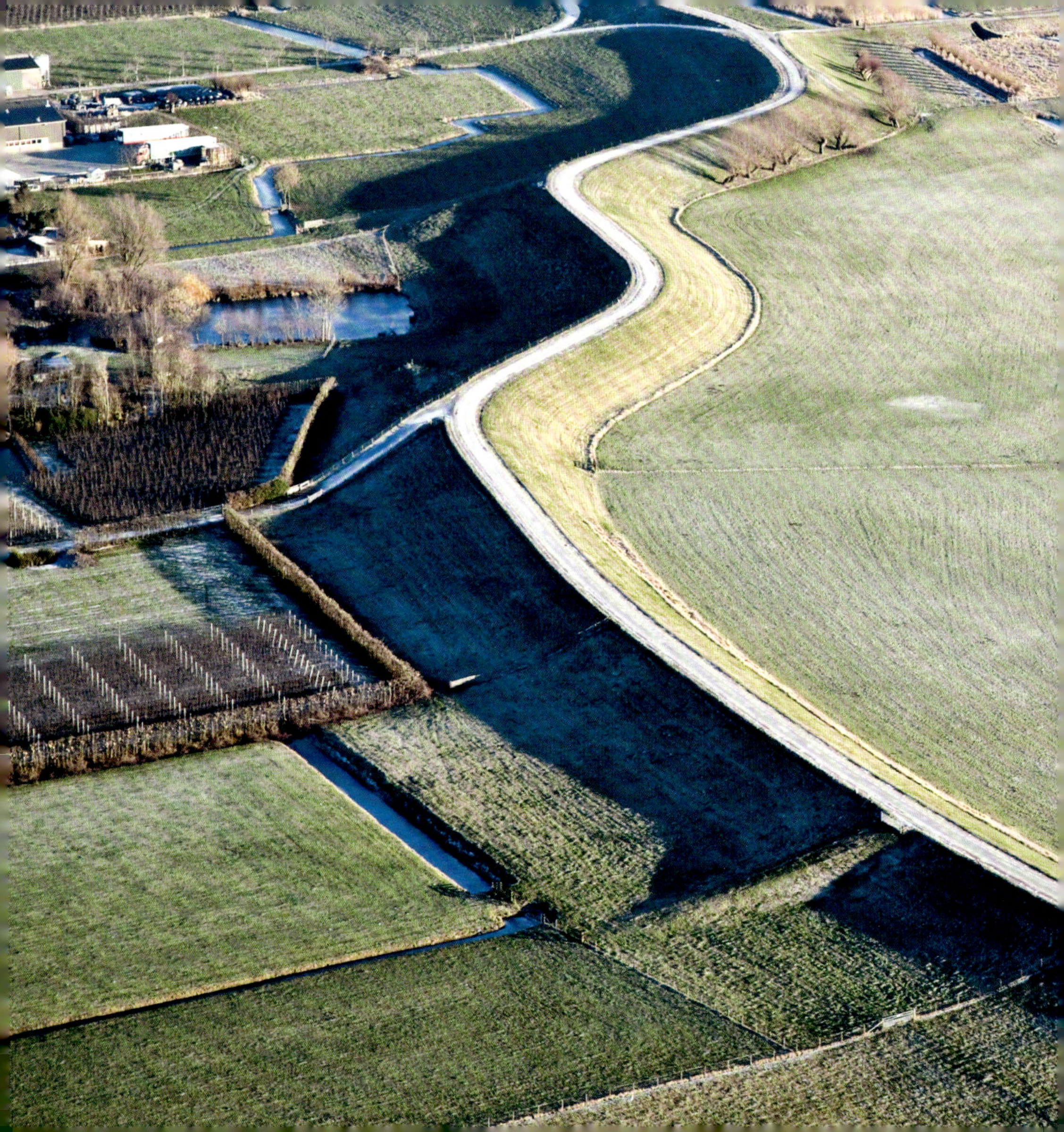

Utrecht

Casa Confetti, studentenwoningen, Utrecht
(Marlies Rohmer)

154

Hoofdkantoor Rabobank, Utrecht
(Kraaijvanger Urbis)

De Vecht bij Maarssen

Breukelen

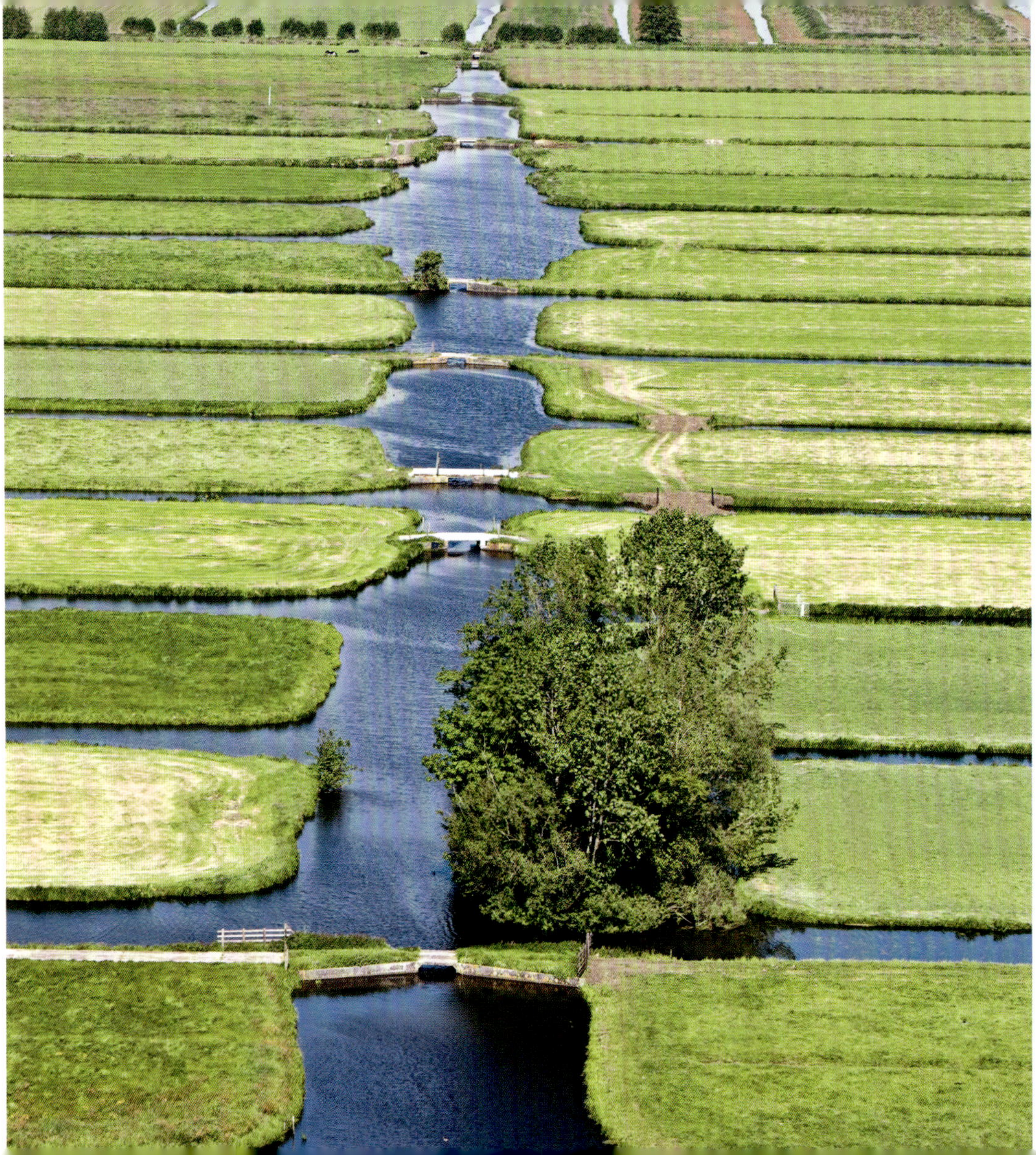

▲ Kunstwerk op kantoorplein, Utrecht
◀ Polder Teckop (bij Kockengen)

Park in wijk Leidsche Rijn, Utrecht

Molen 't Hoog en Groenland, Baambrugge

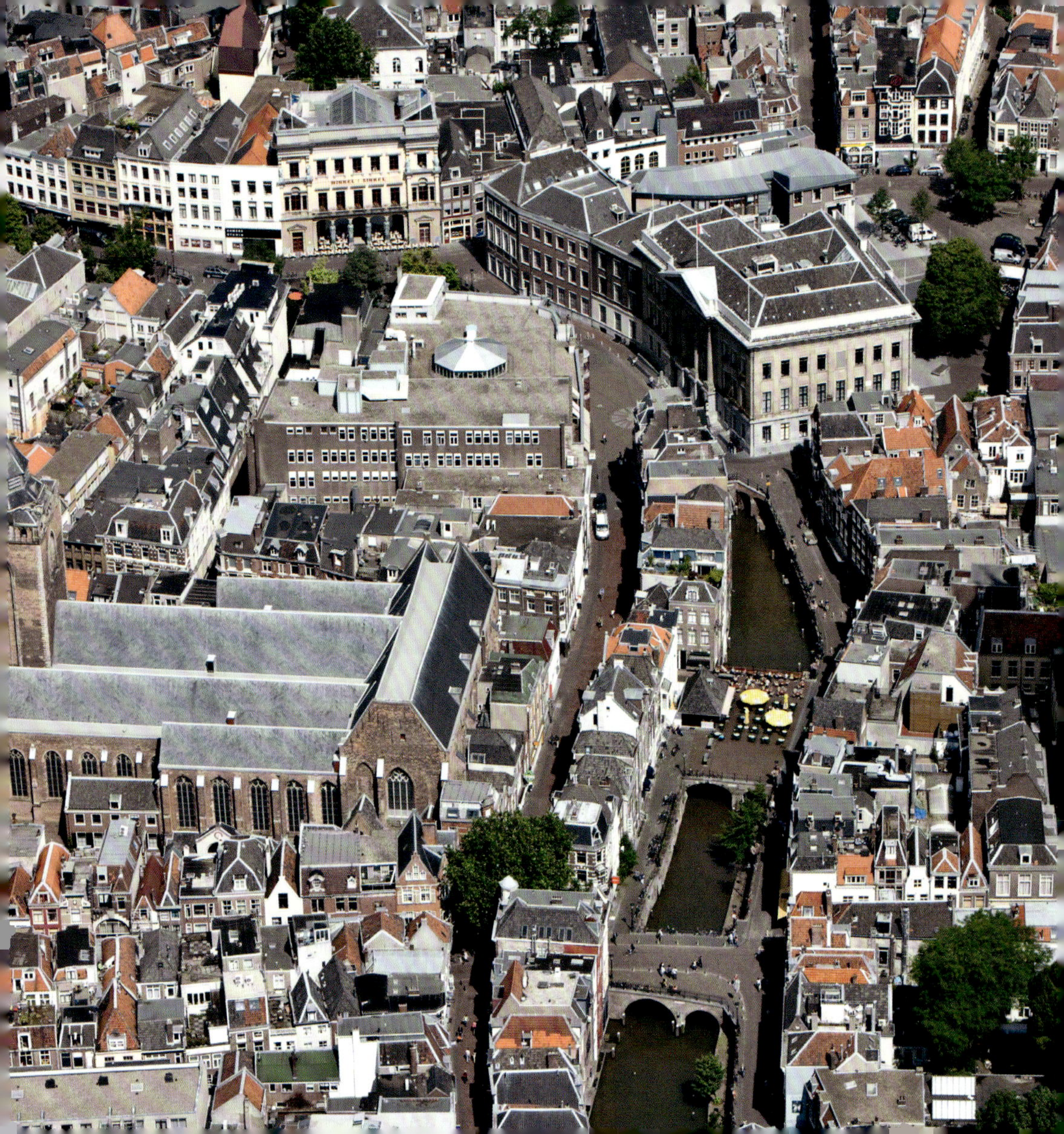

▲ Domtoren, Utrecht
◀ Utrecht

Zwaluw, Nieuwegein

Golf & Country Club De Biltse Duinen, Bilthoven

Natuurgebied de Blauwe Kamer, Rhenen

Fort Maarsseveen, Maarssen

Het Zwin, Amersfoort

Pyramide van Austerlitz, Woudenberg

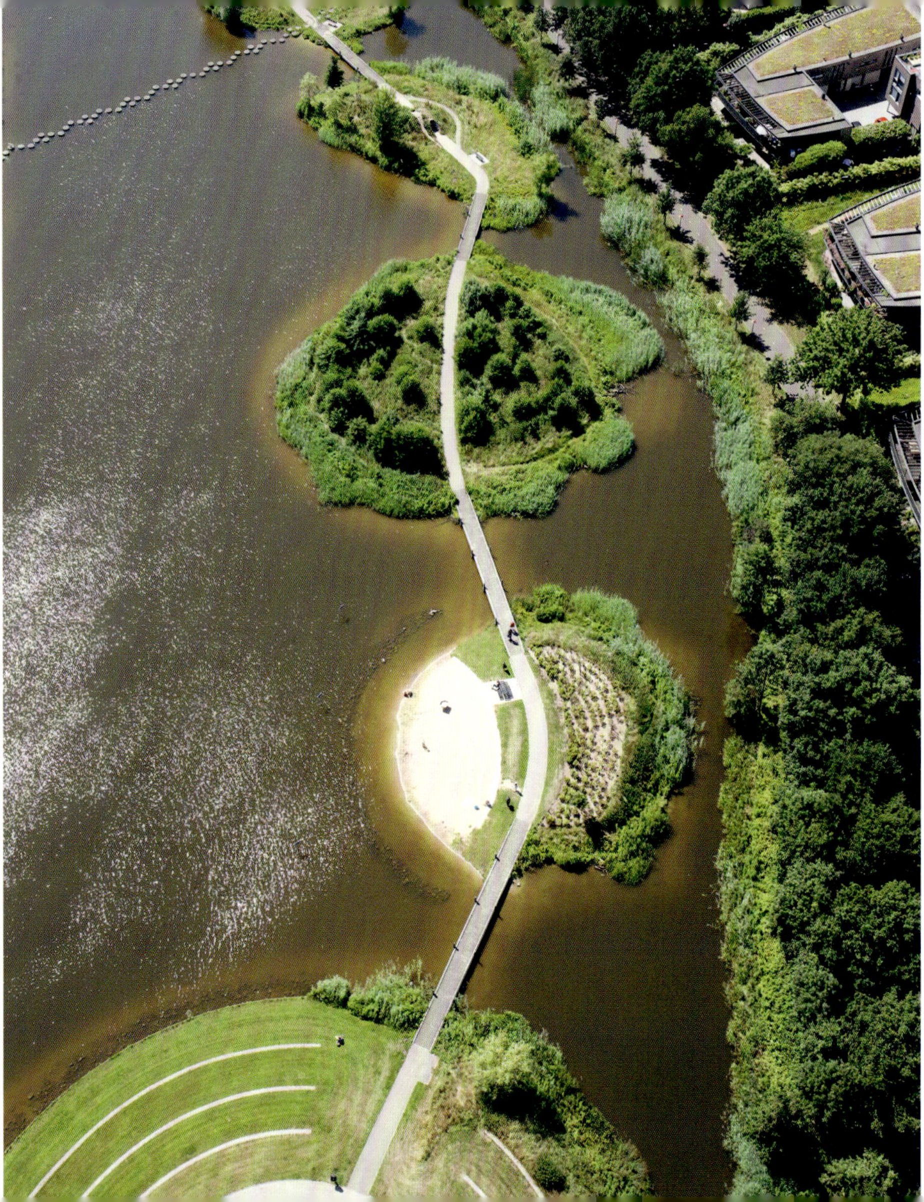

▲ Riviertje De Angstel bij Loenersloot
◀ Bever, Amersfoort

Nederrijn

Lange Duinen, Soest

Dijk bij Uitweg

Vianen

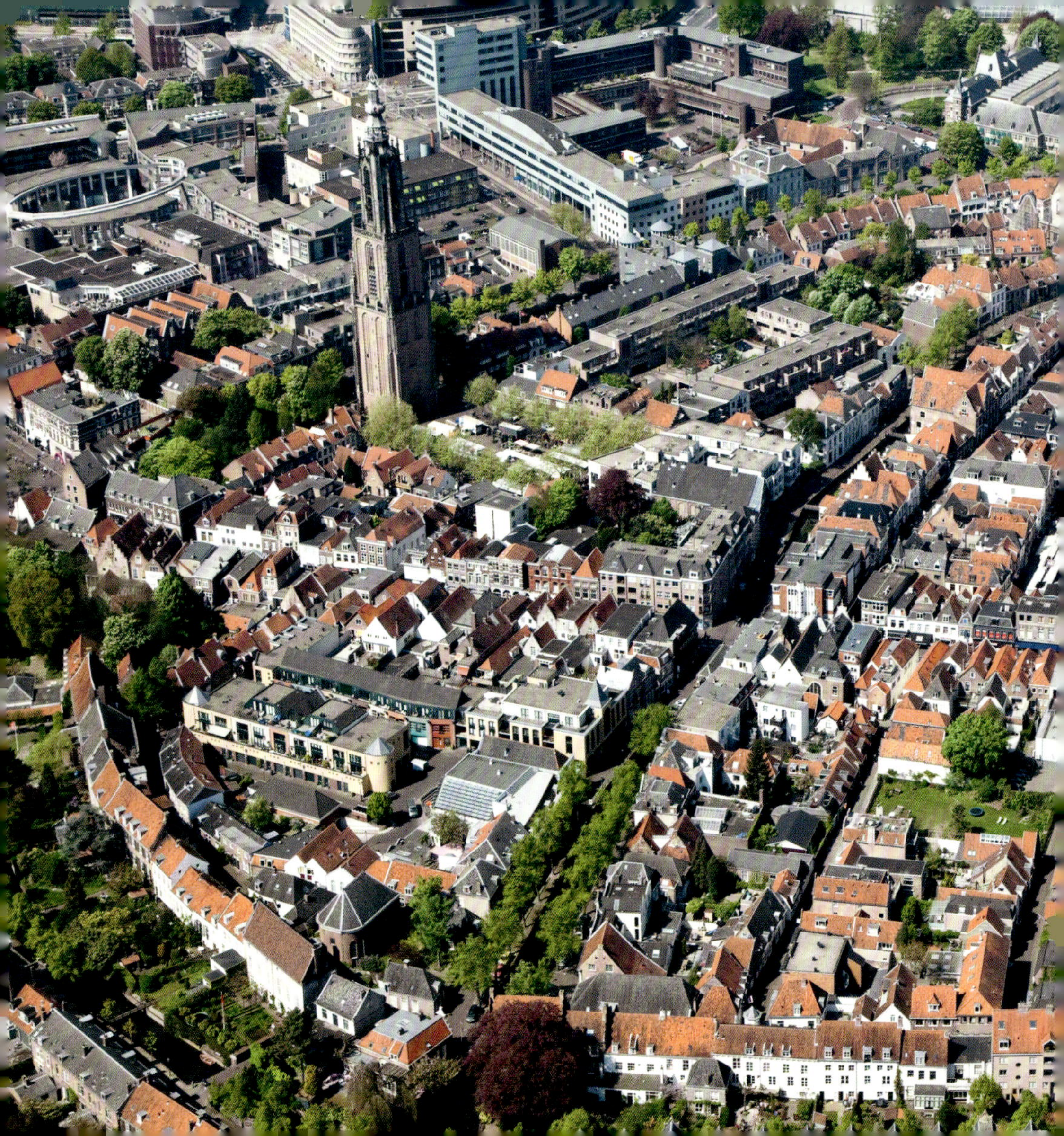

Amersfoort

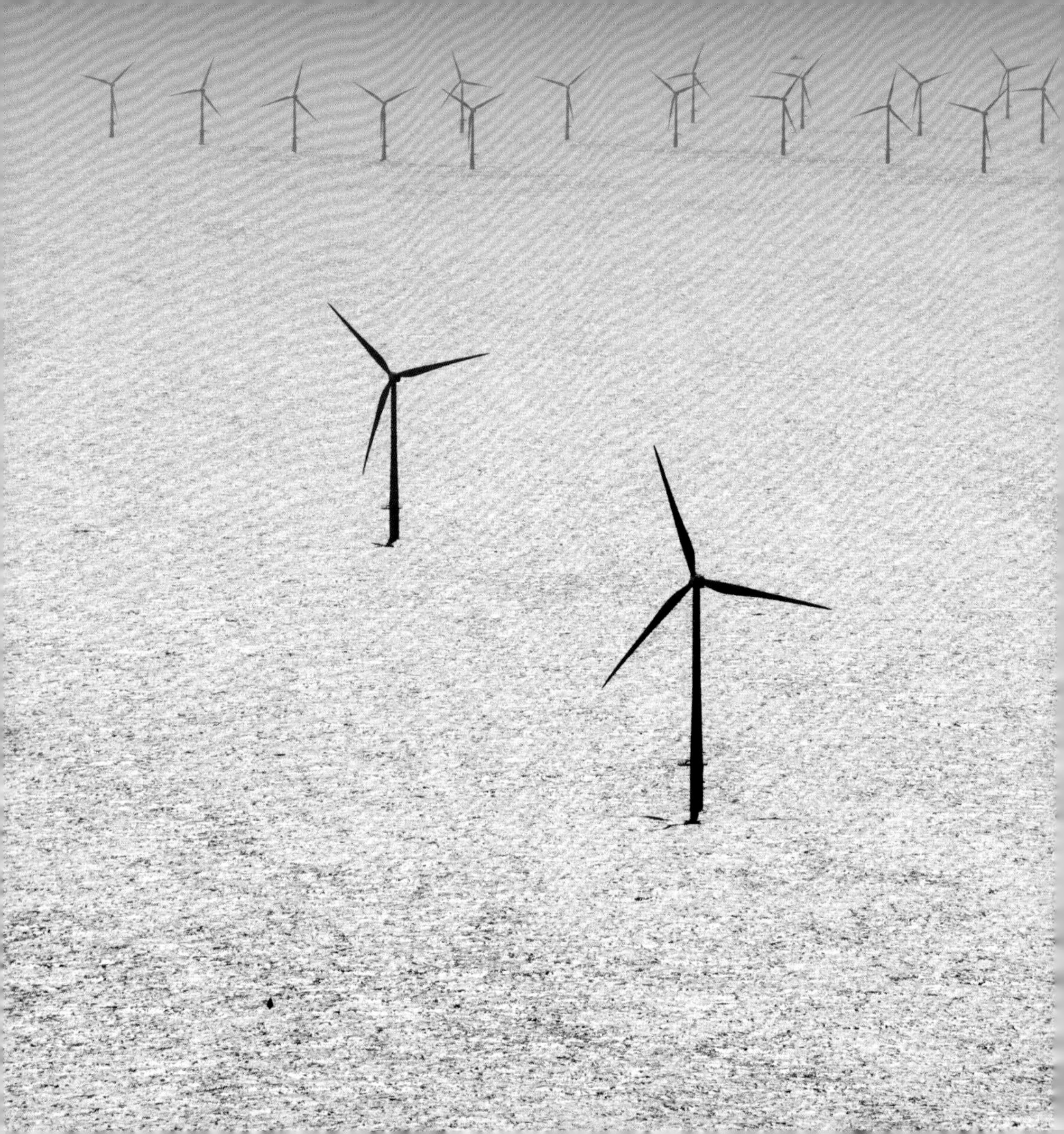

Noord-Holland

▲ Zeilboot, IJsselmeer
▶ Westertoren, Amsterdam

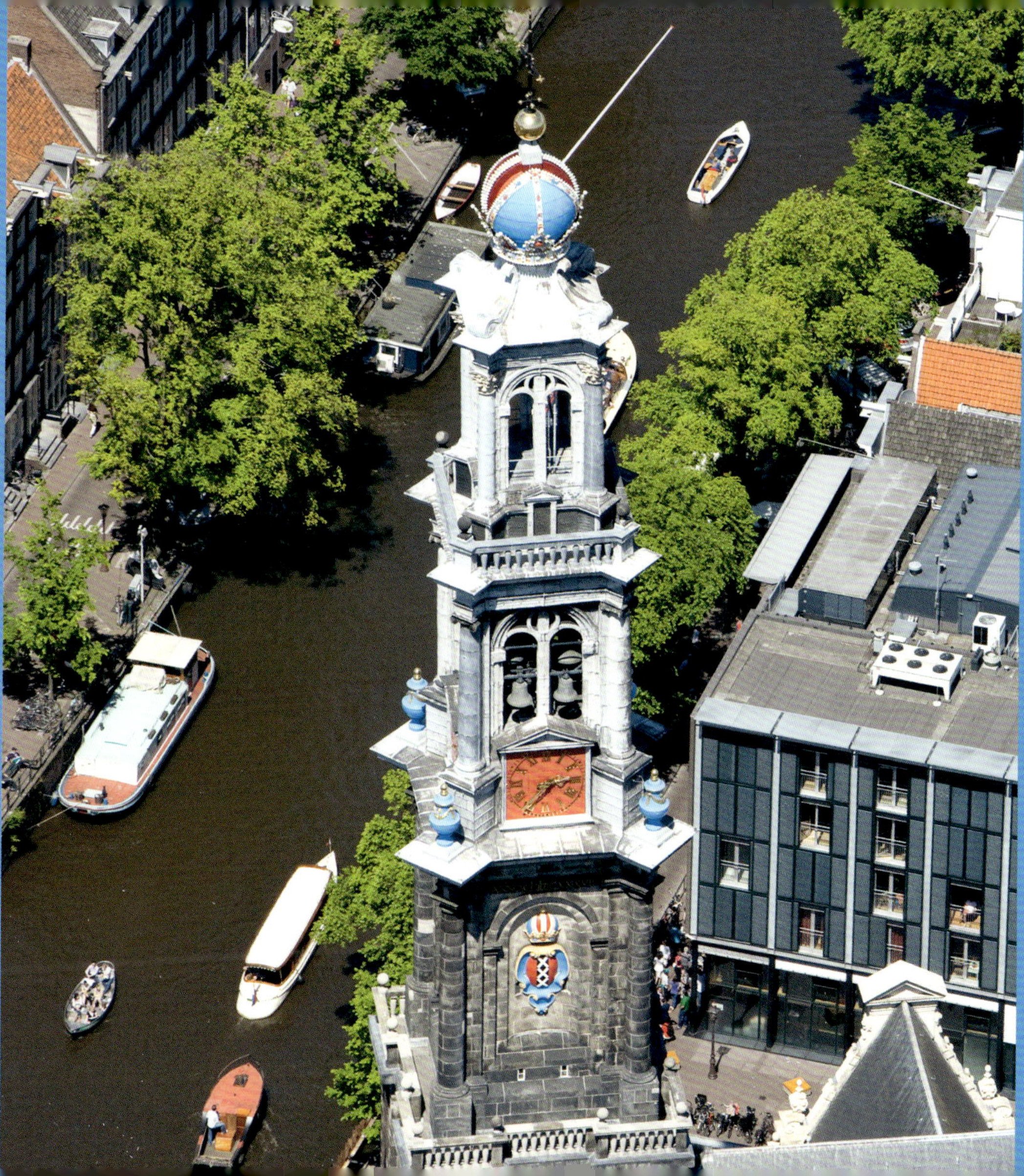

IJburg, Amsterdam

Geuzenveld, Amsterdam

Waterwoningen IJburg, Amsterdam

Rietlandpark, Amsterdam

Amsterdam

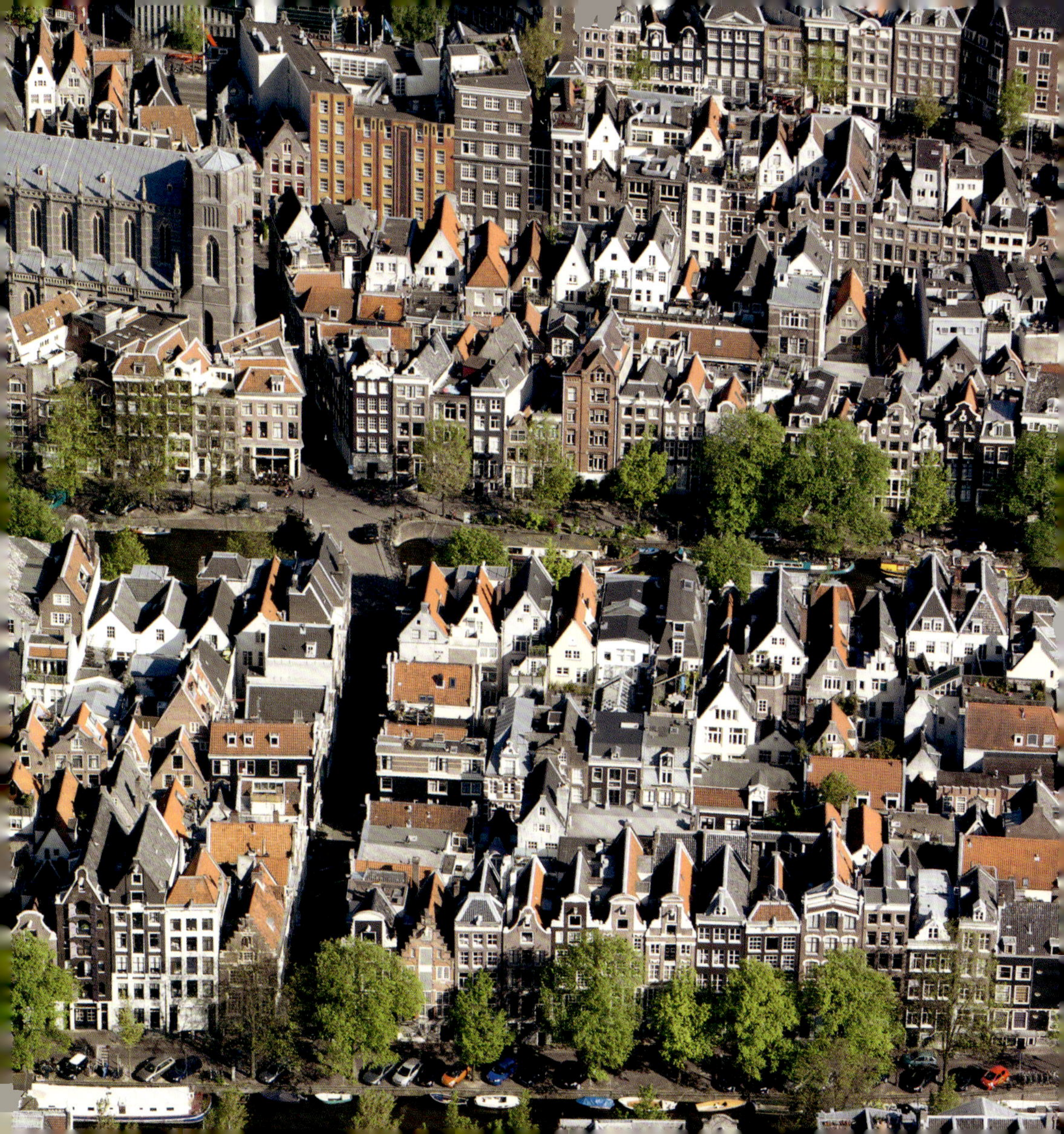

Cultuurpark Westergasfabriek, Amsterdam

Spaarndam

Gooimeer bij Naarden

Windmolenpark, Noordzee

▲ Rotonde, Schagen Friese Brug, Alkmaar ▶

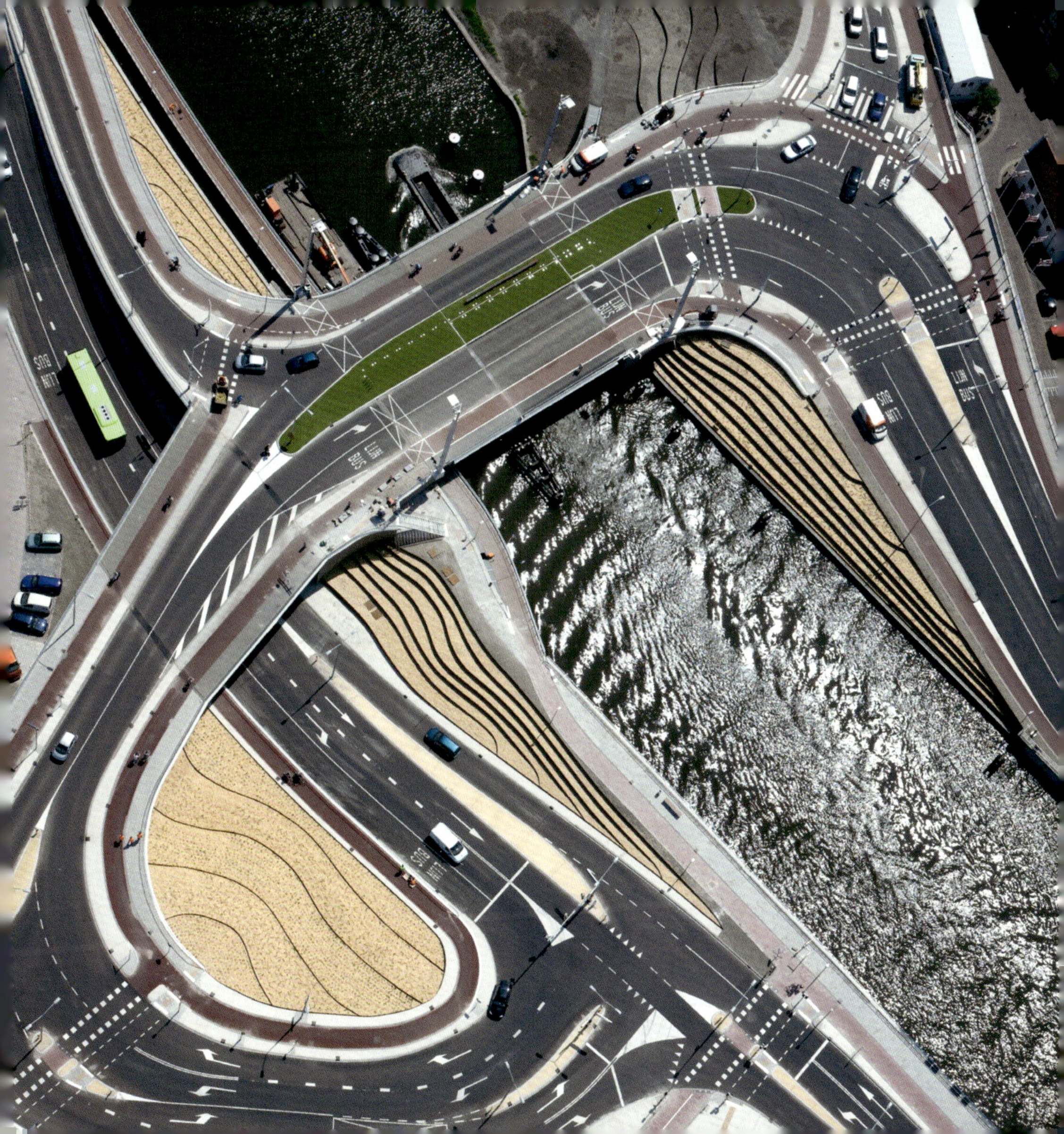

Alkmaar

Hoorn

Poortgebouw Muiderslot, Muiden

Zuiderzeemuseum, Enkhuizen

Kasteel Radbout, Medemblik

Duinbrink, Den Helder

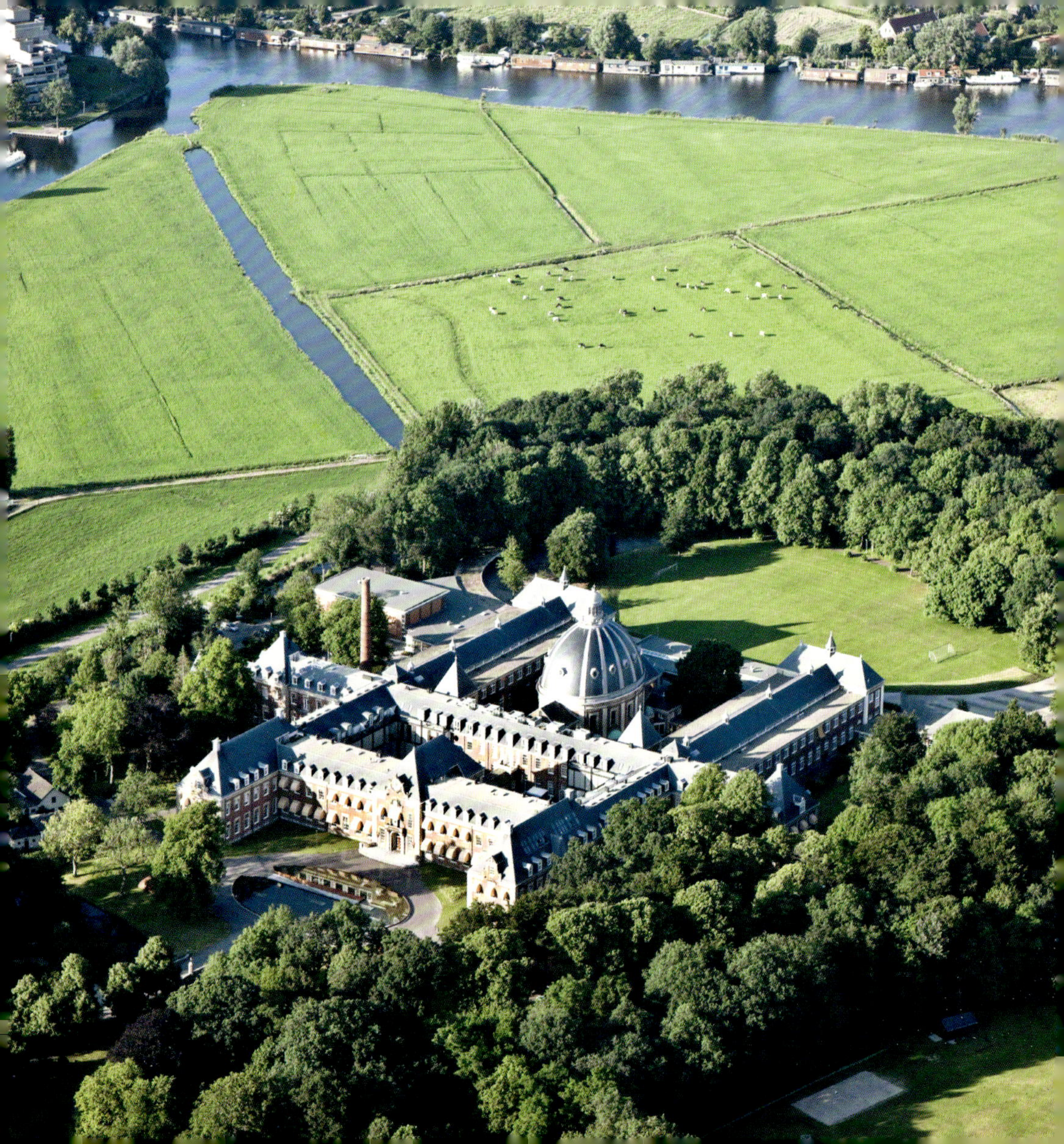

◀ College Hageveld, Heemstede   ▲ Callandsoog

▲ Polder Nieuw Loosdrecht   Oosterzijpolder ▶

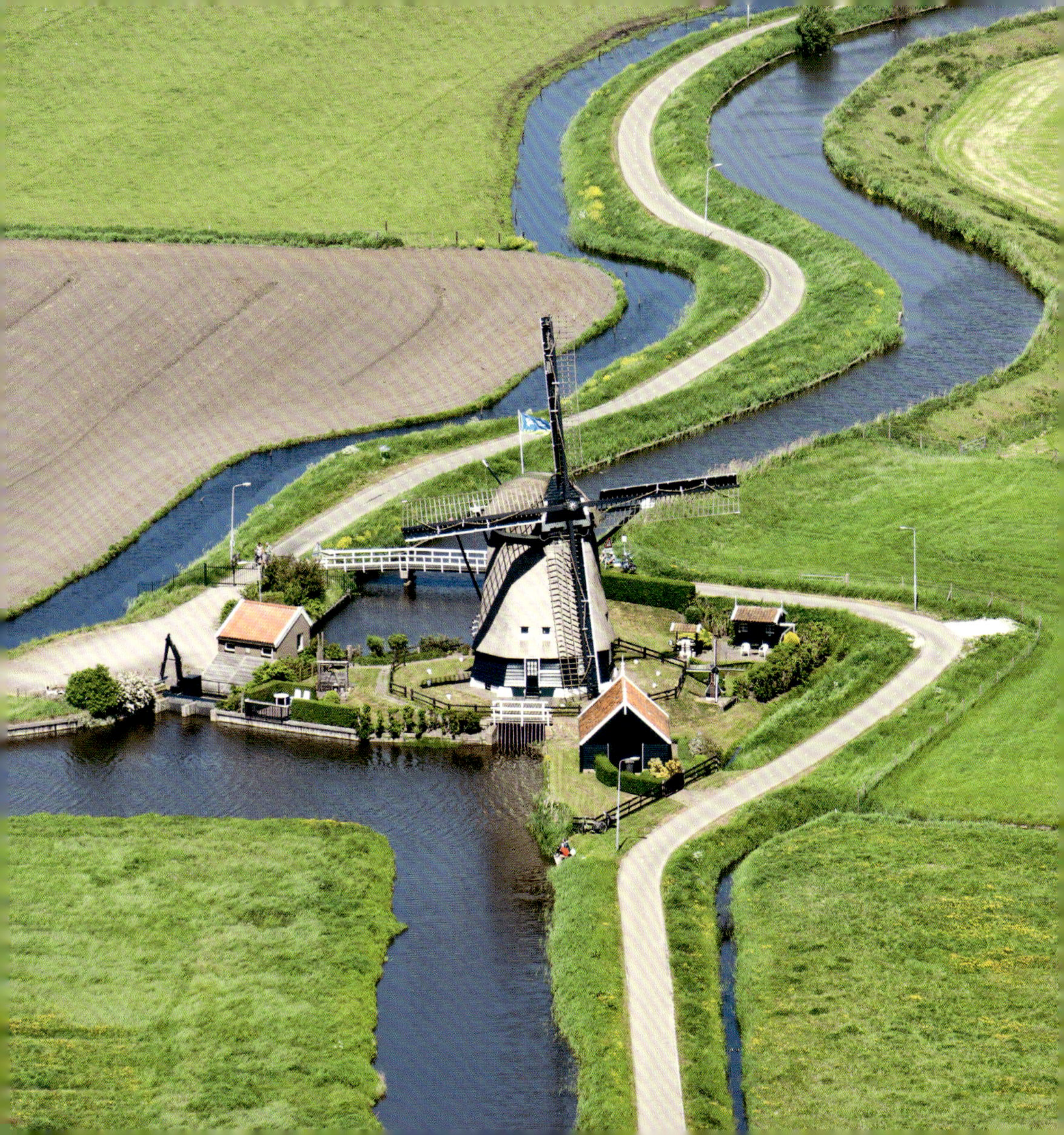

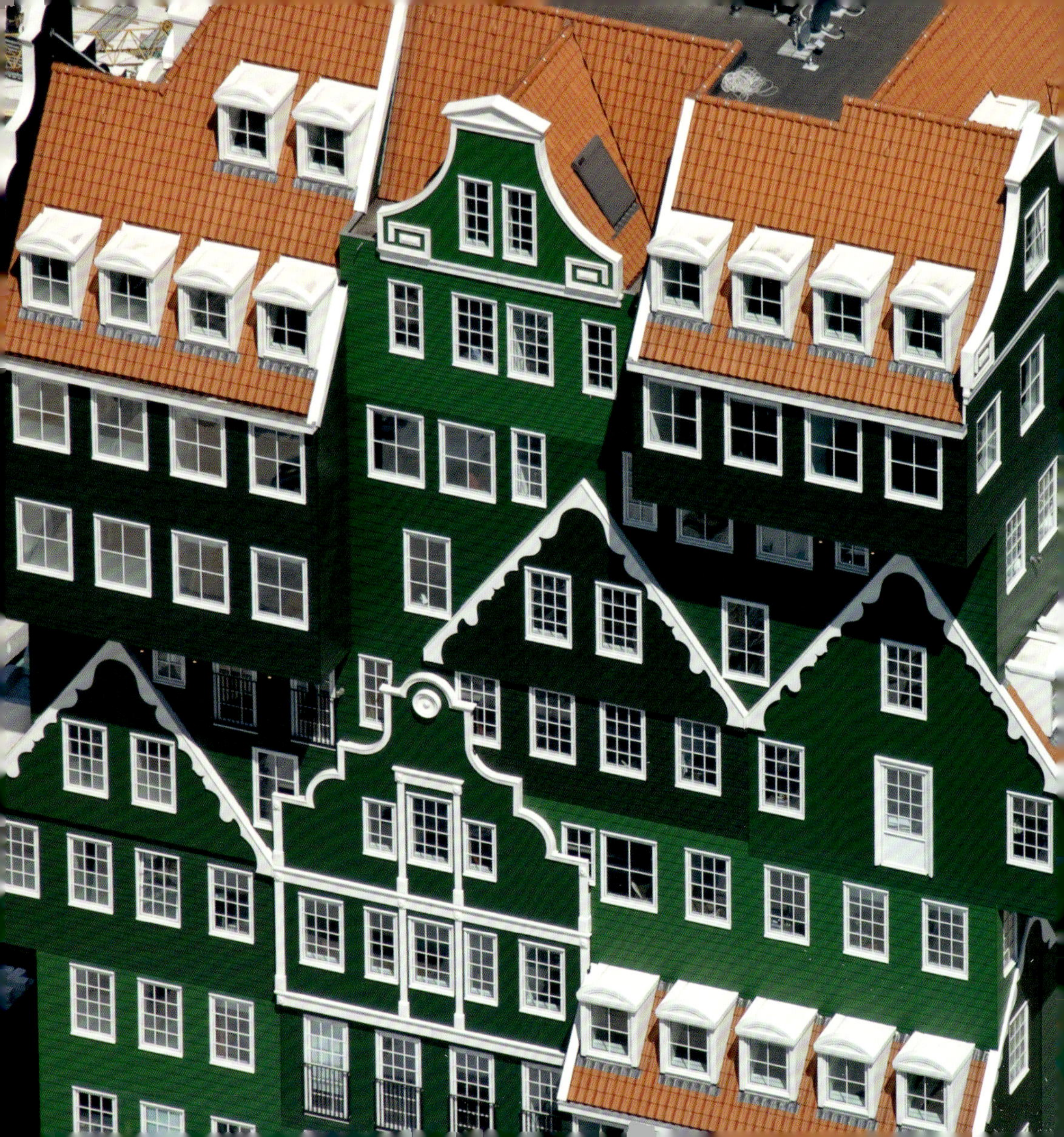

▲ Stationsgebouwen, Zaandam
◀ Intel Hotel, Zaandam

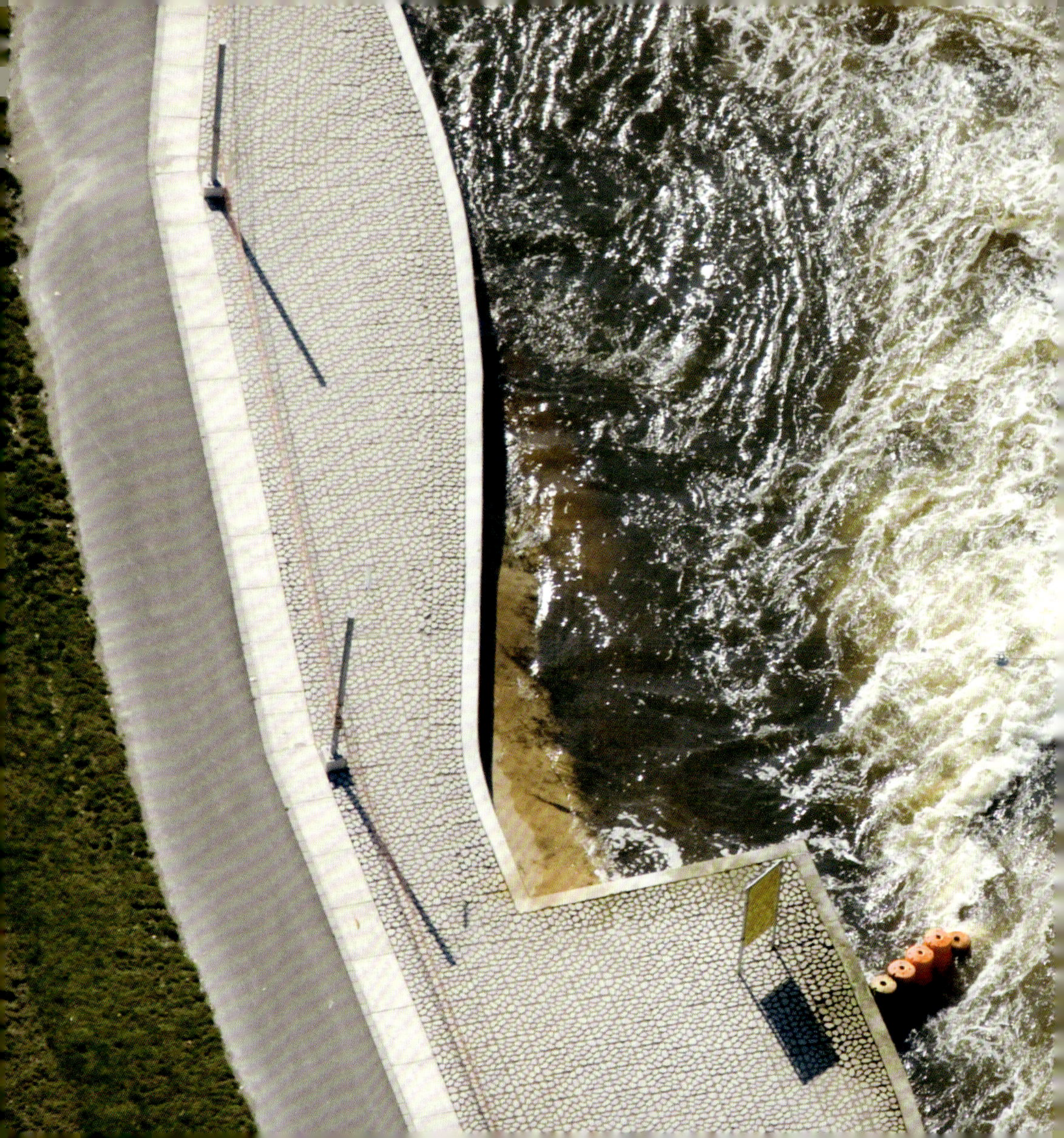

Zuid-Holland

Goeree

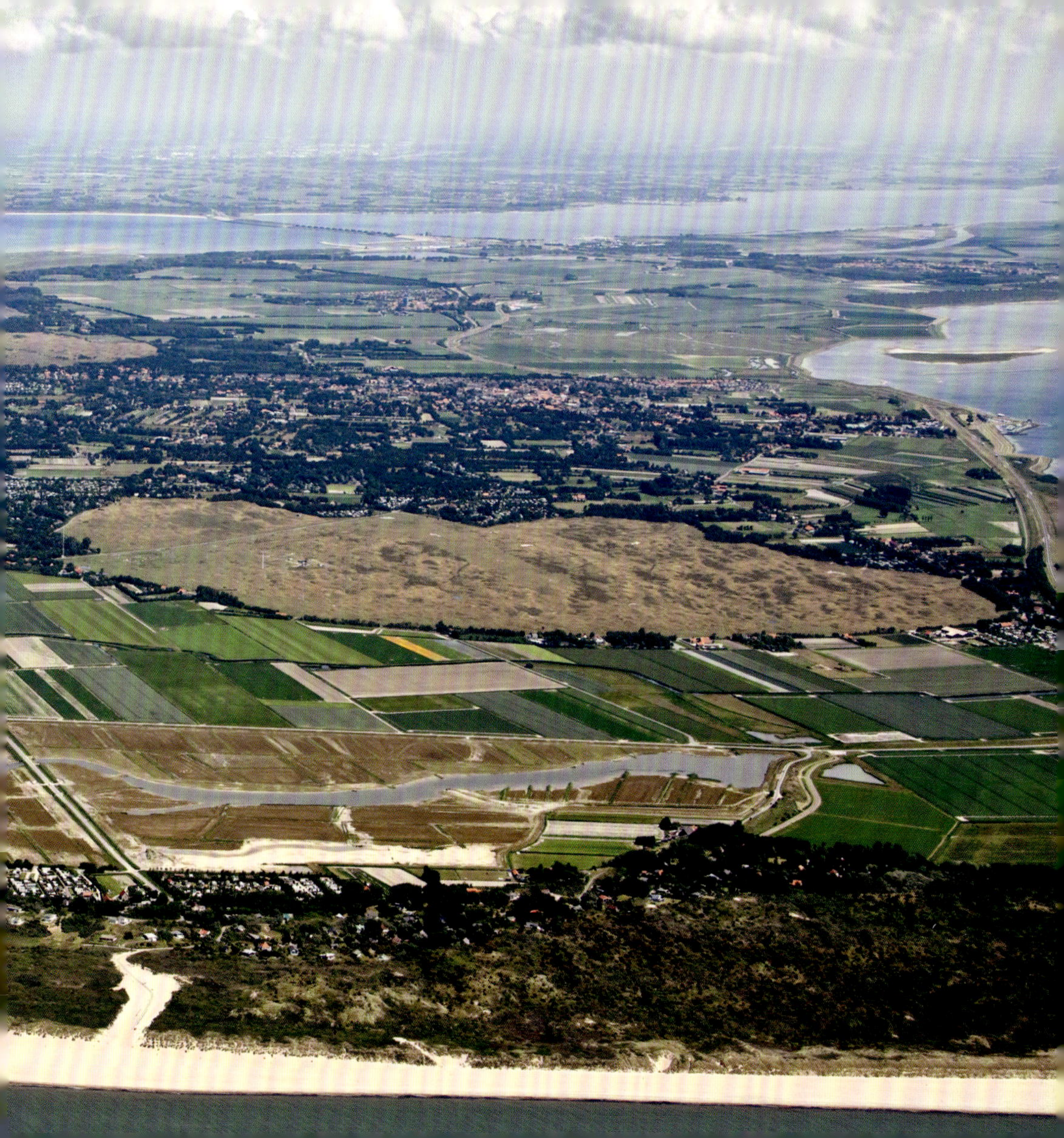

Rotterdam

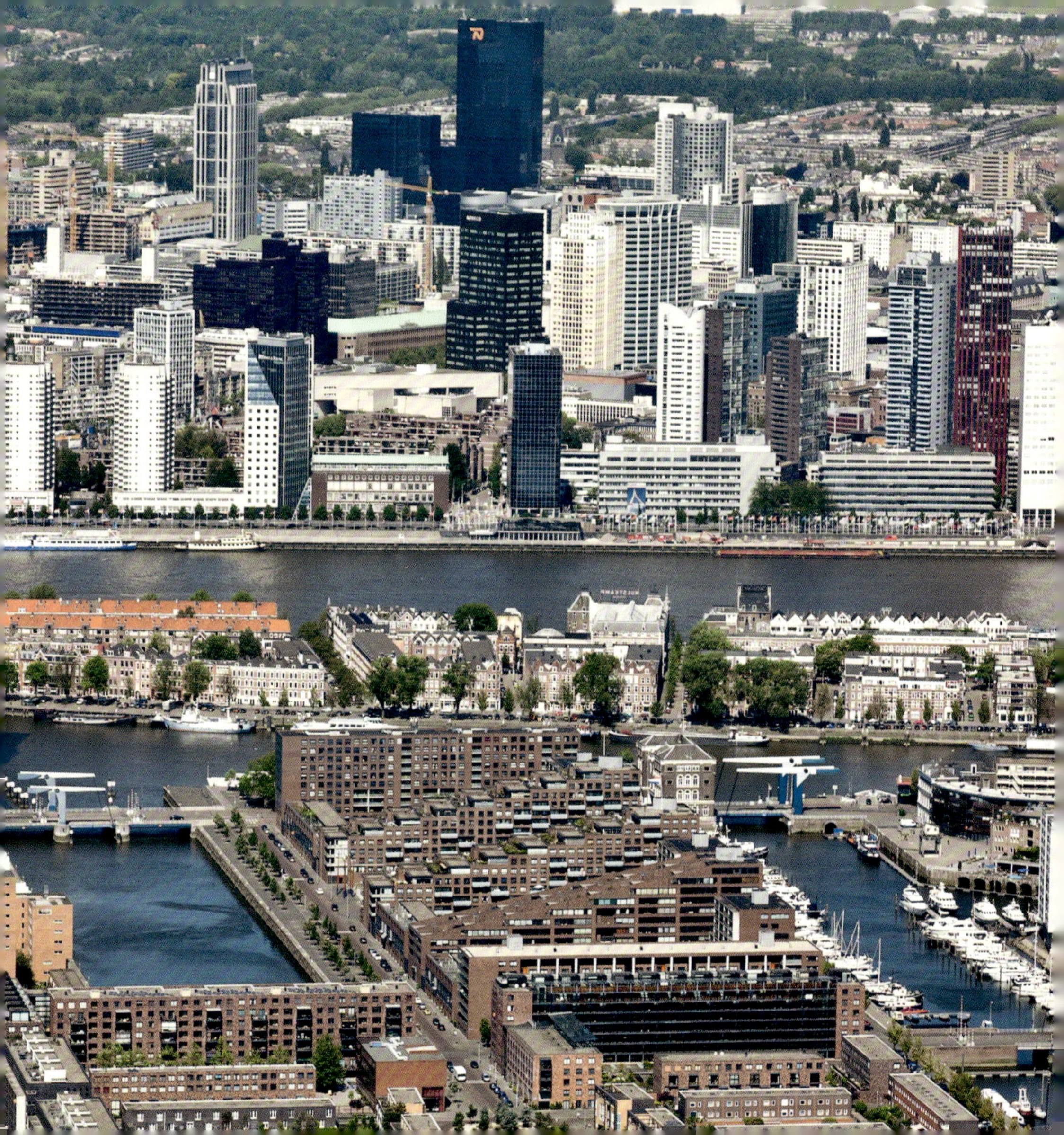

Grote markt, Schiedam

Markt, Gouda

▲ Utrechtse Baan, Den Haag
▶ Grote of Sint-Jacobskerk, Den Haag

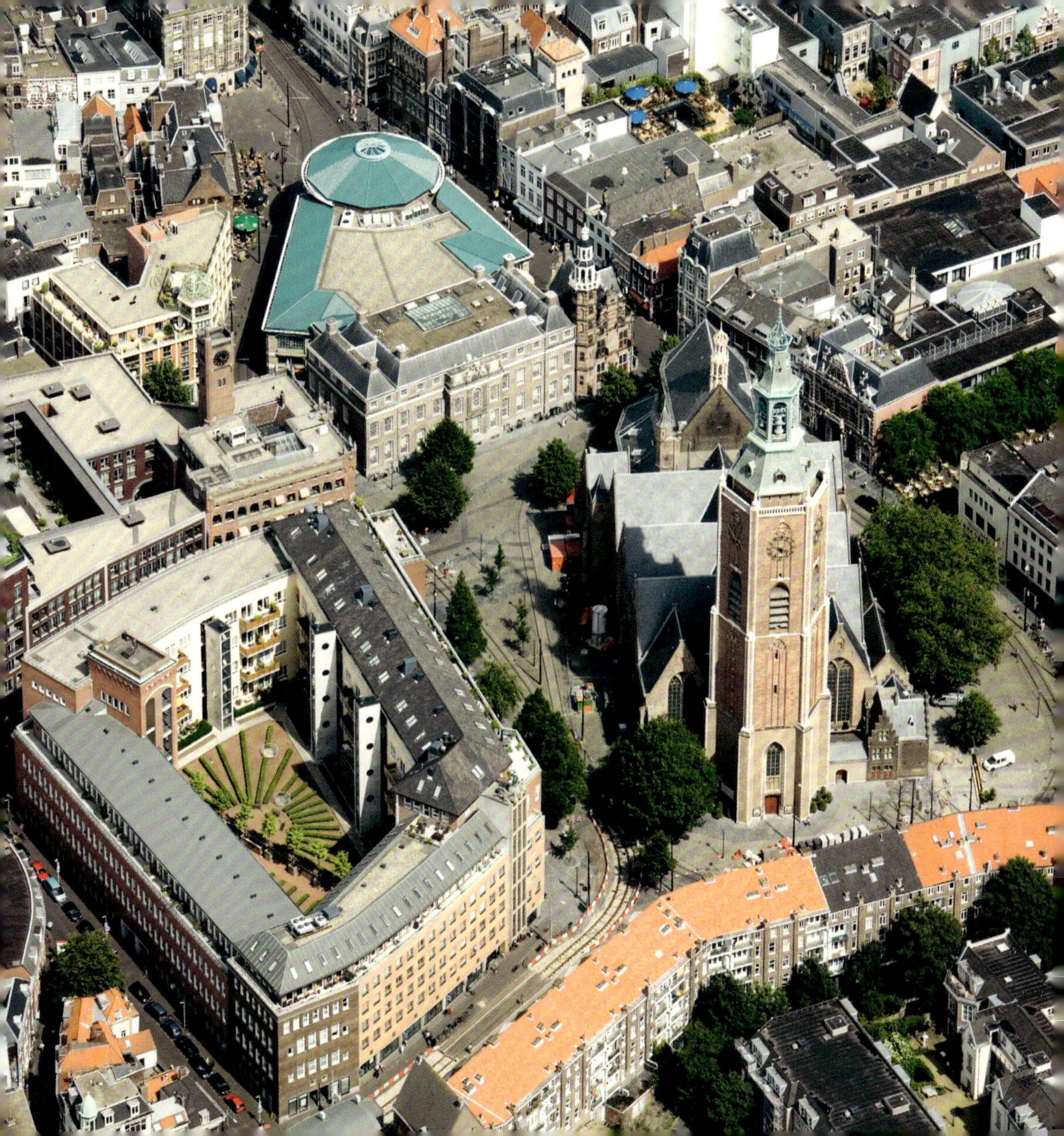

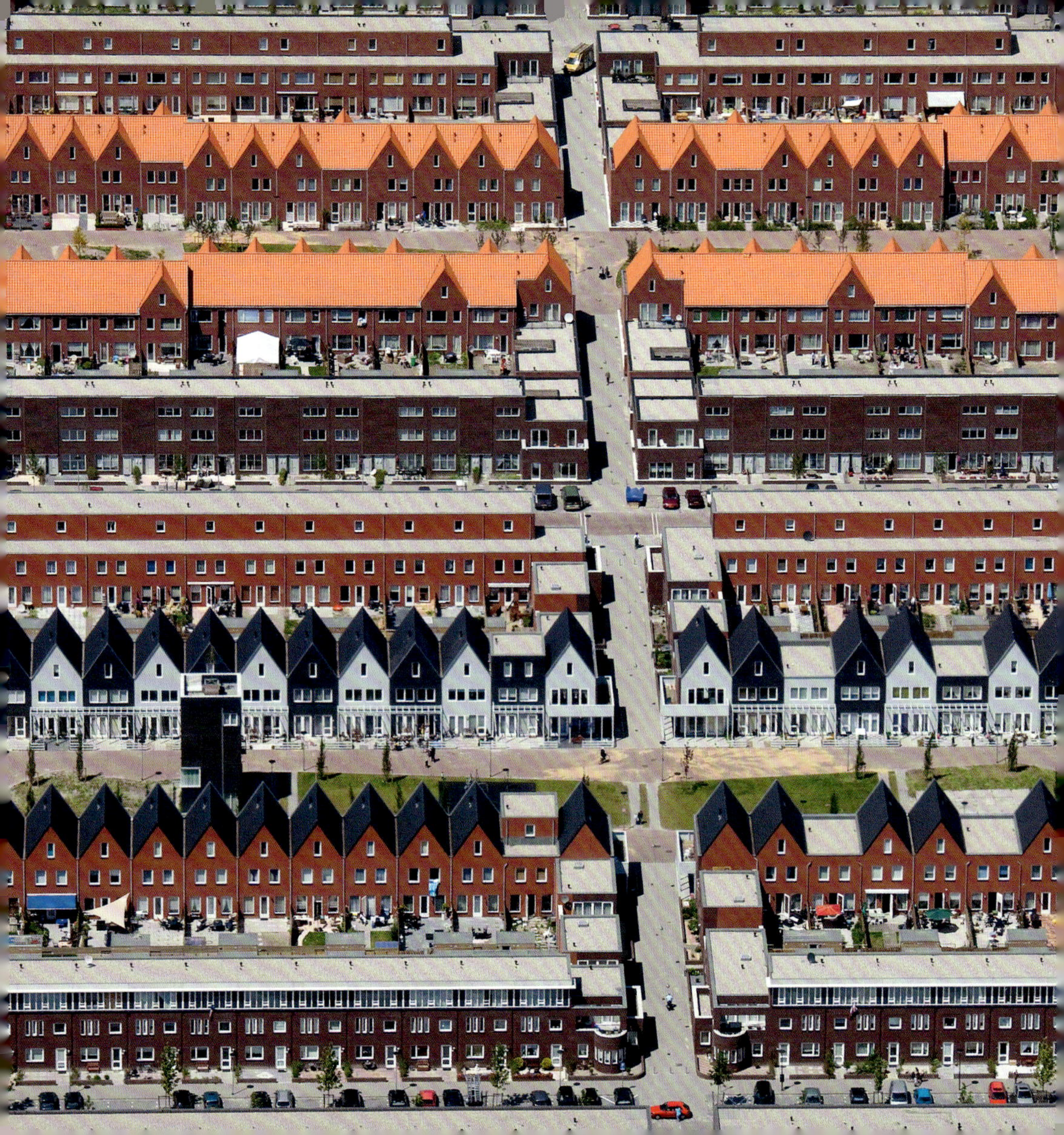

Wateringen

◀ Wildwaterbaan, Dutch Water Dreams, Zoetermeer

▶ Haringvliet bij Middelharnis, Goeree-Overflakkee

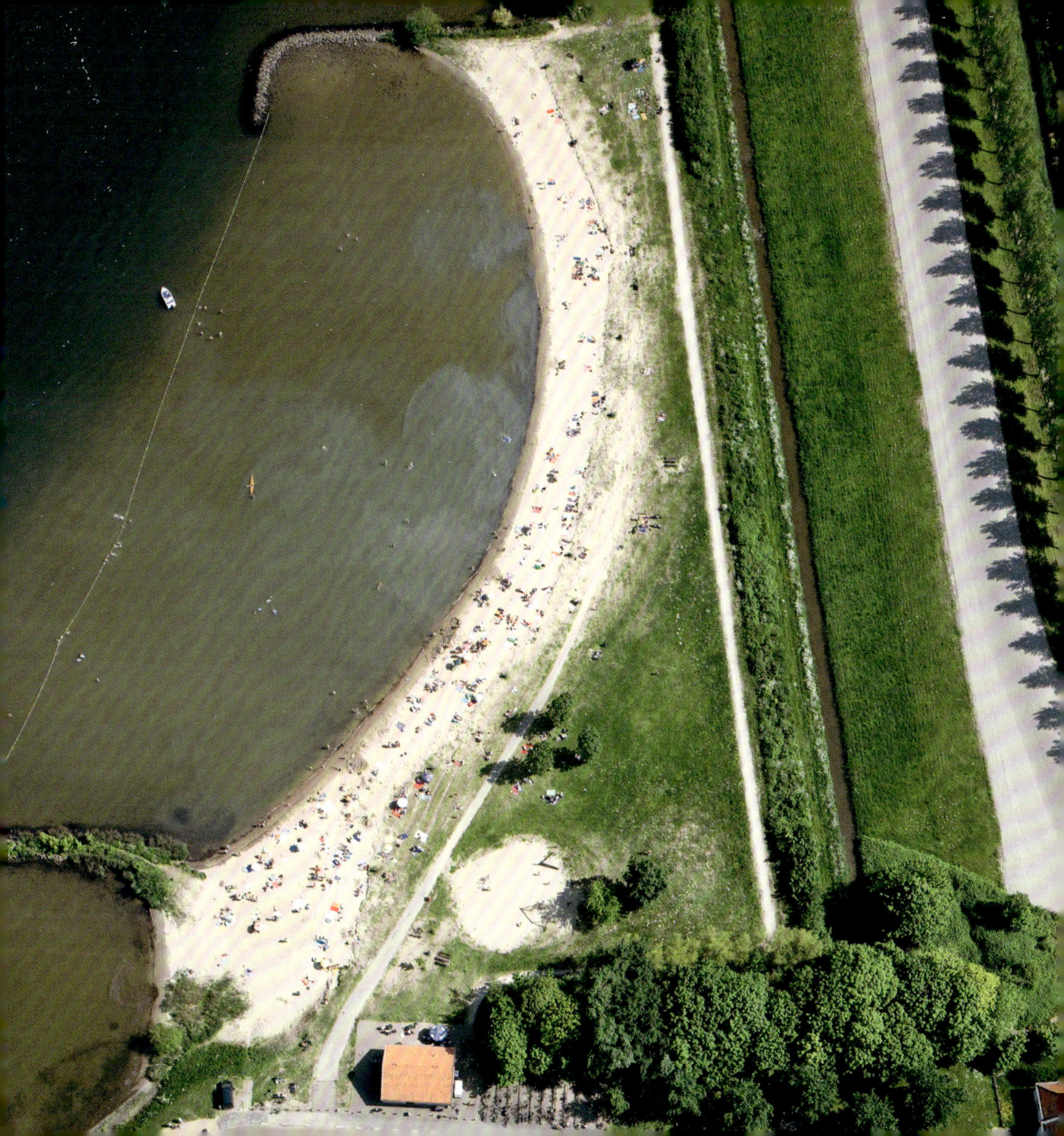

Geluidswal A16, Dordrecht

Corpus, reis door de mens, Oegstgeest

Plantenkwekerijen, Boskoop

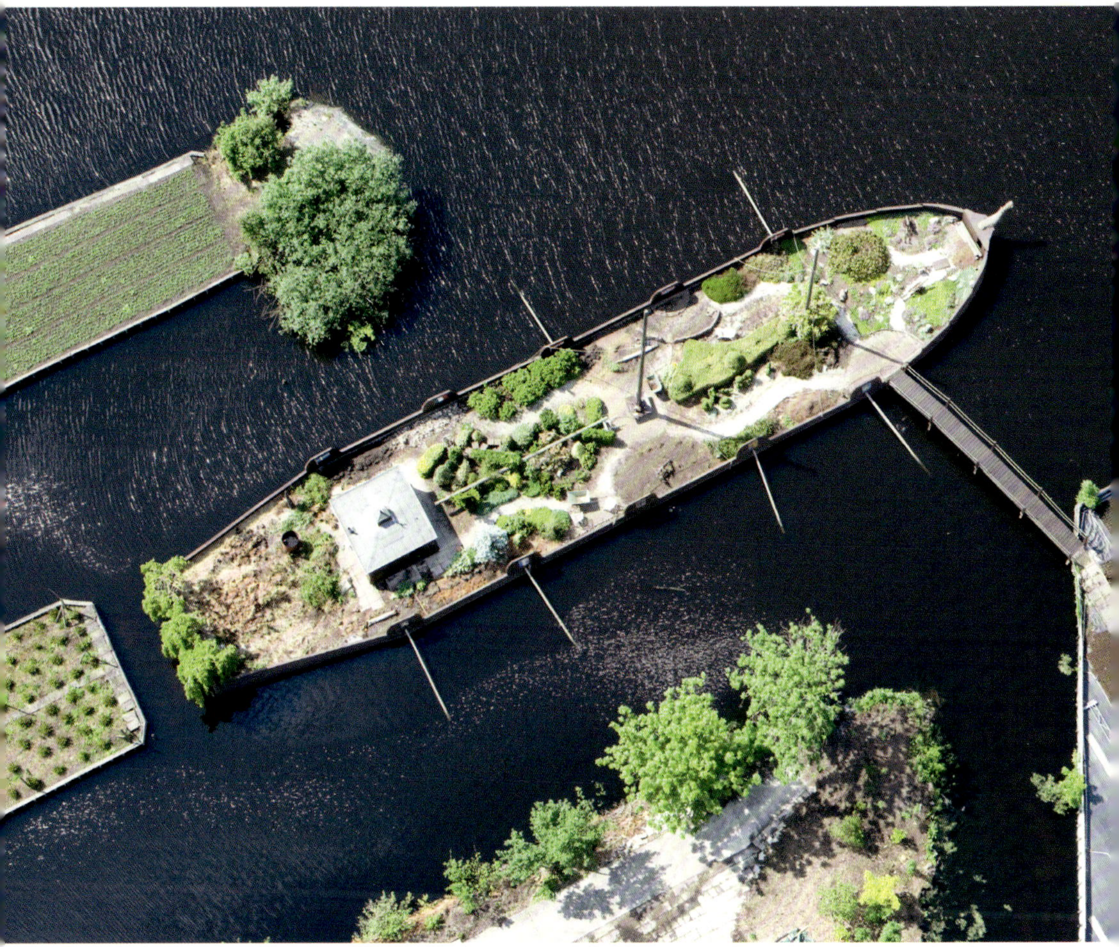

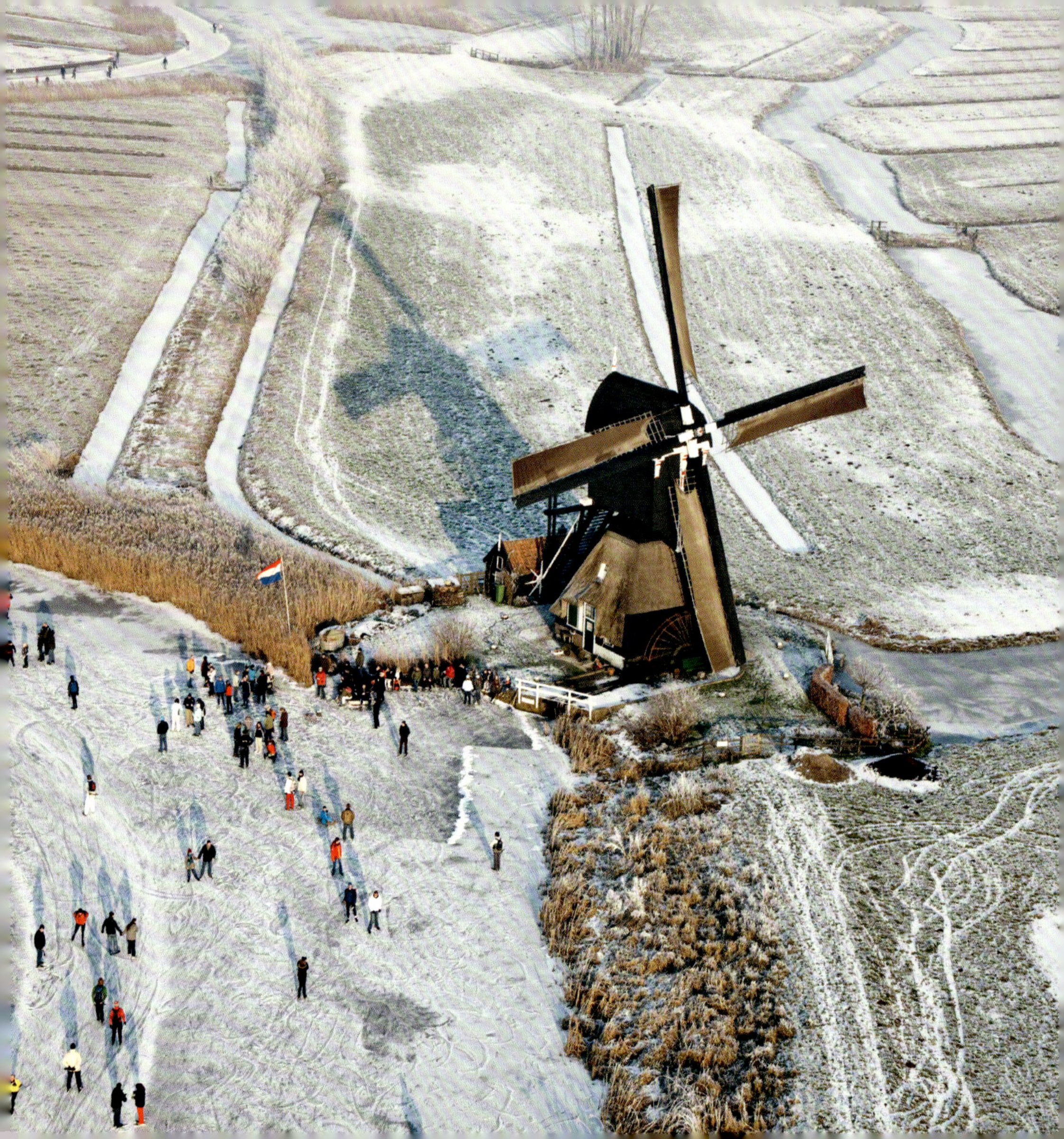

▲ Boei tussen ijsschotsen, Afgedamde Maas
◄ Oudendijkse Molen, Hoornaar

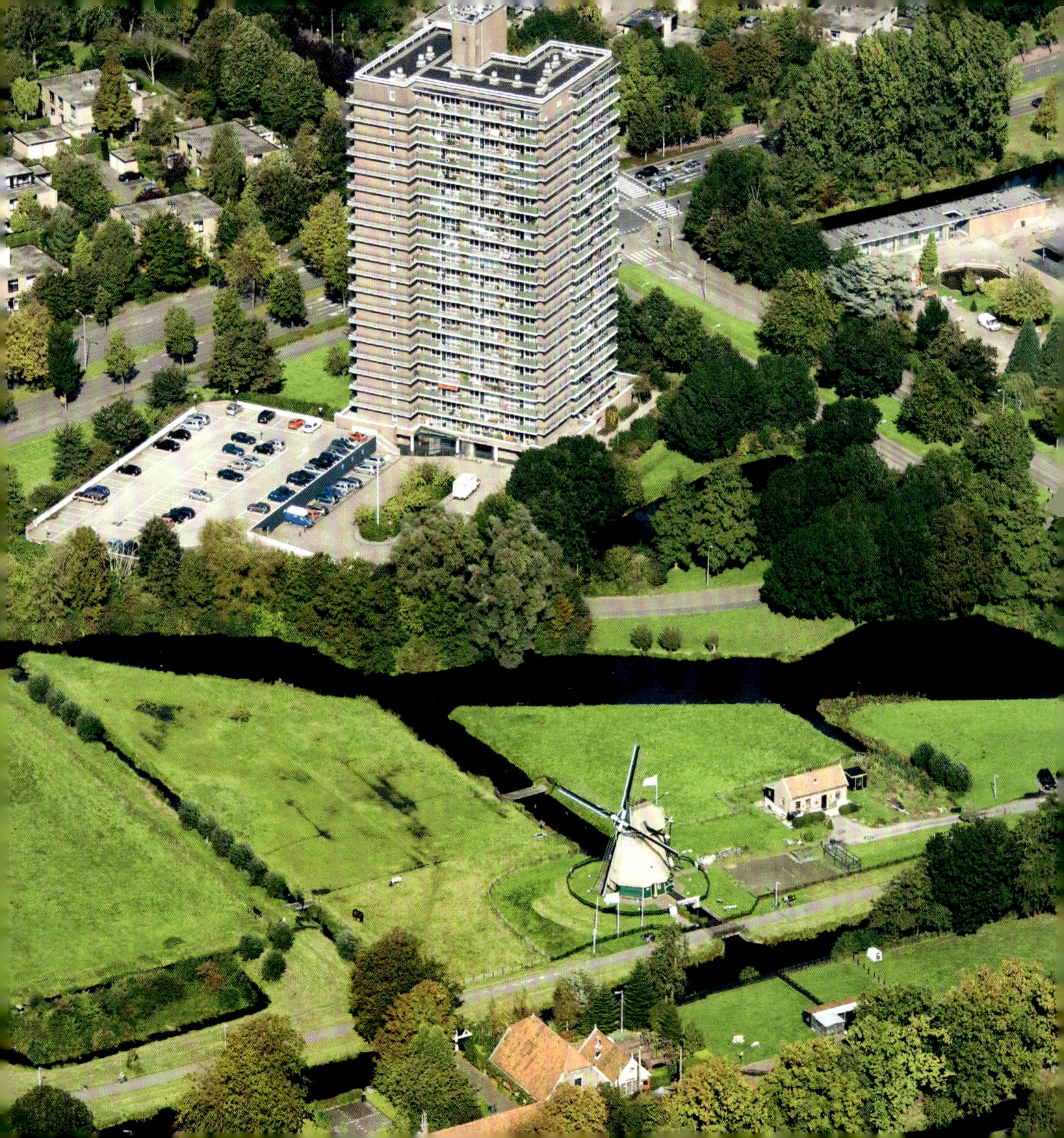

▲ Kortebaan, Renbaan en Zwedenhof, Nootdorp
◄ Molen De Vlieger, Voorburg

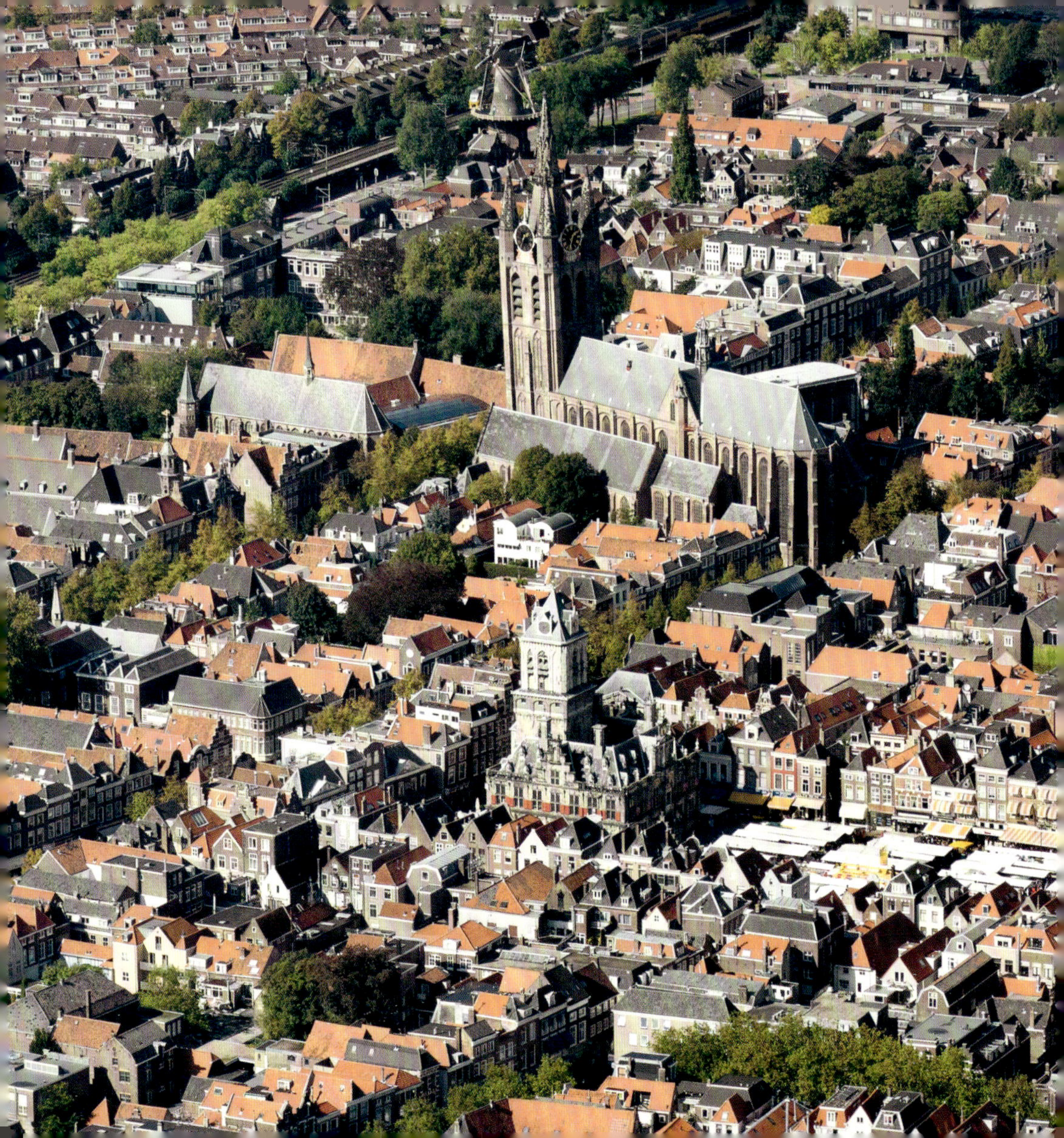

Delft

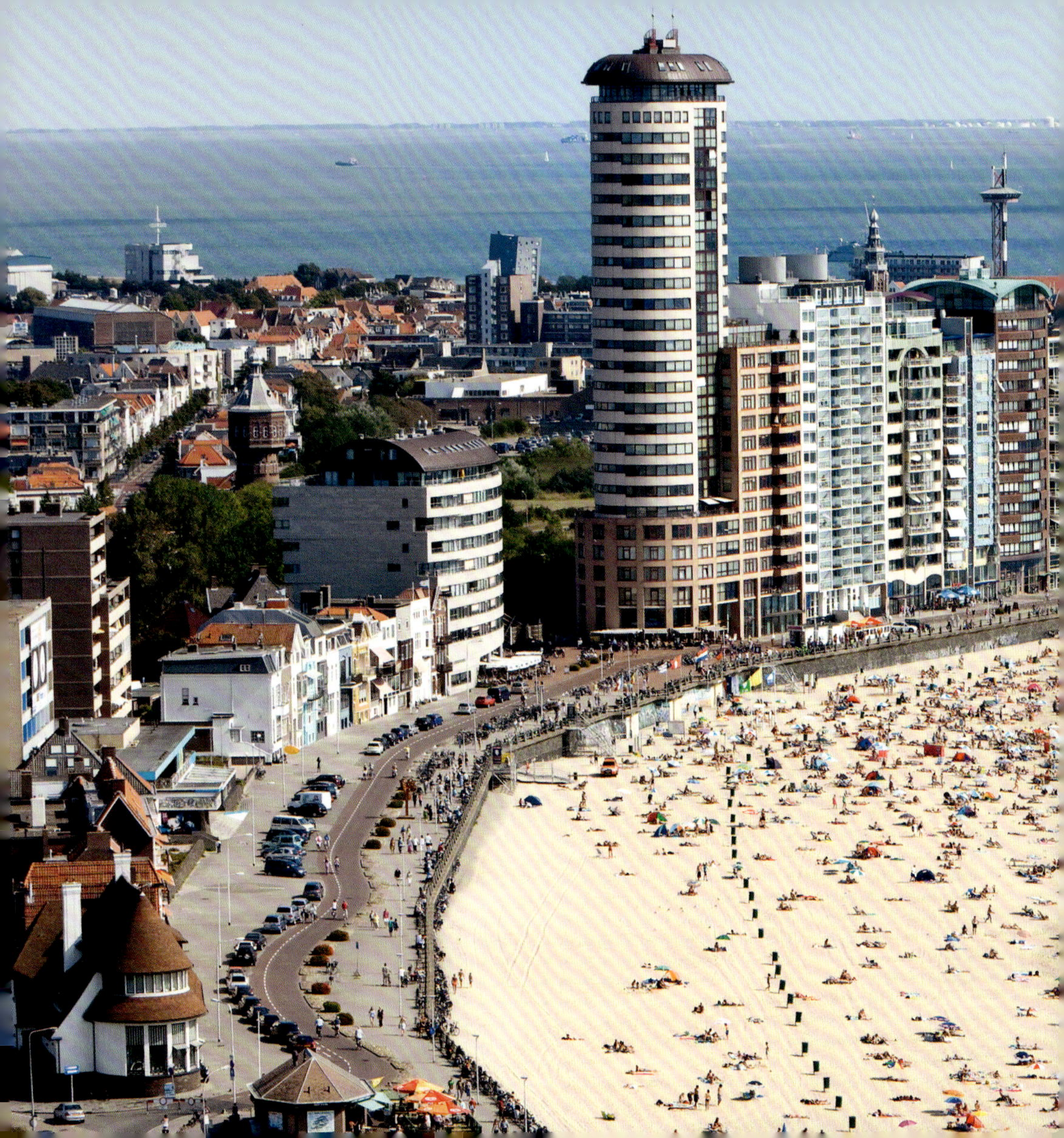

Zeeland

Kust bij St. Janskerke, Walcheren

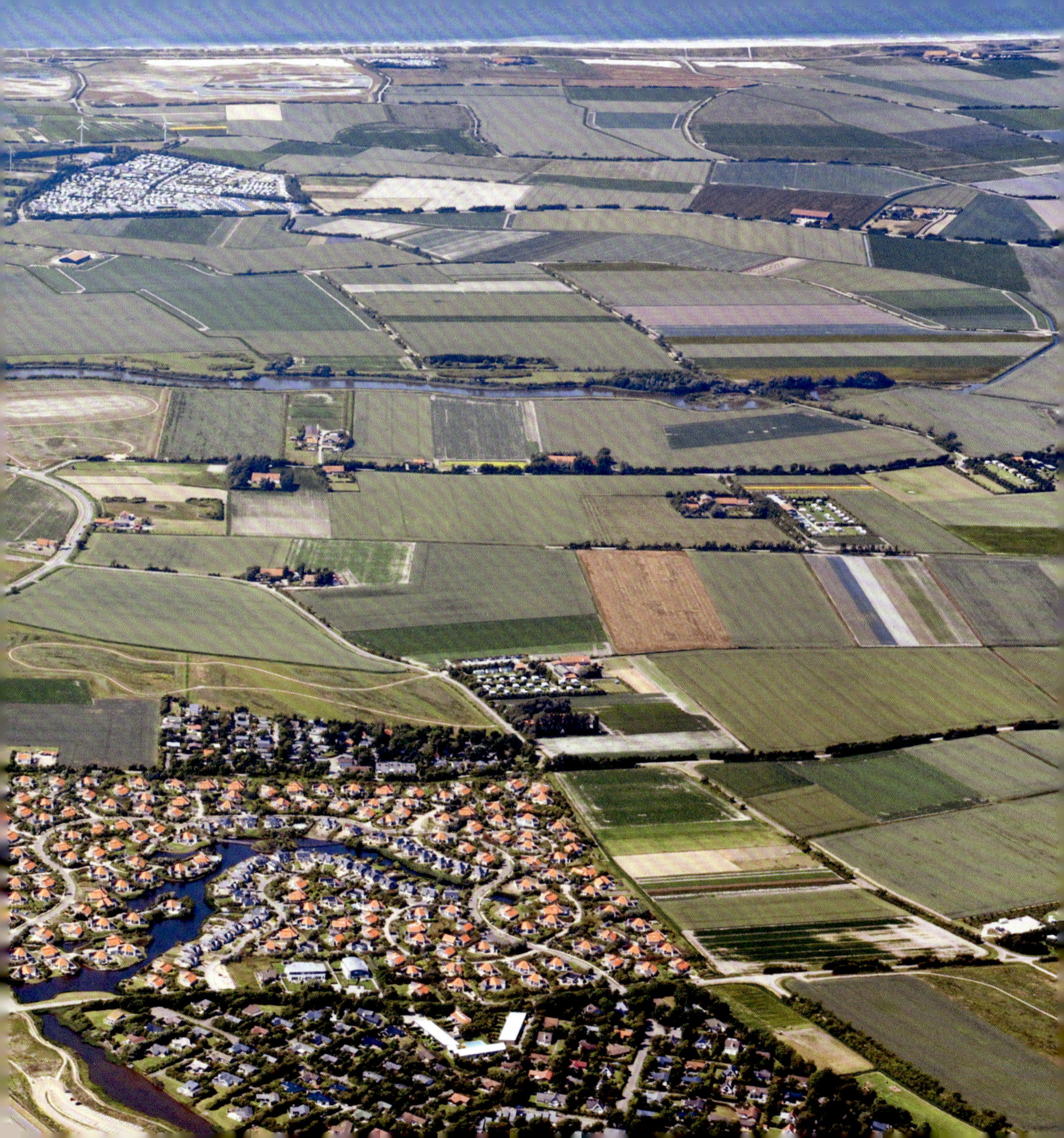

▲ Krammersluizen, Philipsdam
▶ Grevelingenmeer bij Den Osse, Schouwen-Duiveland

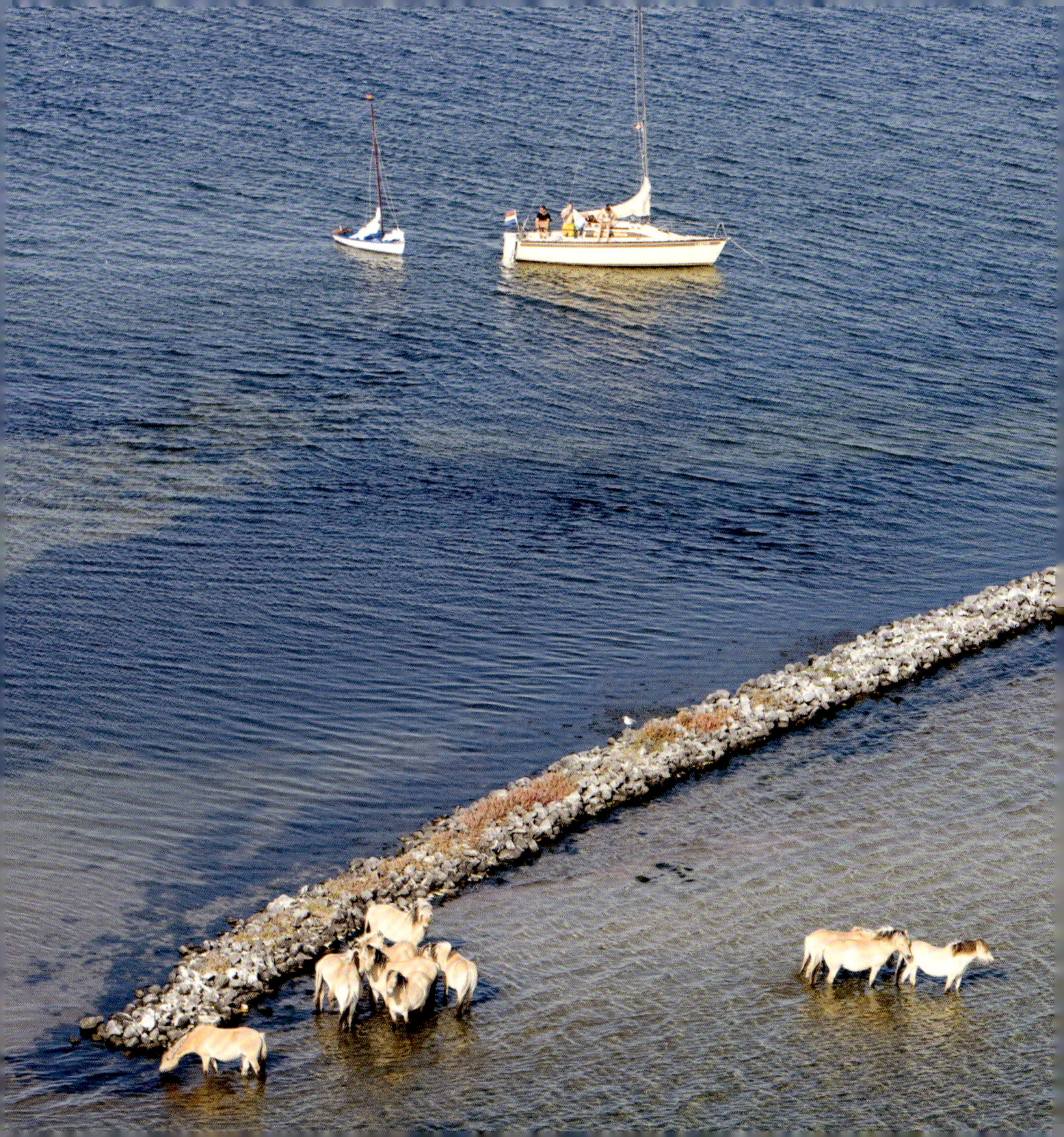

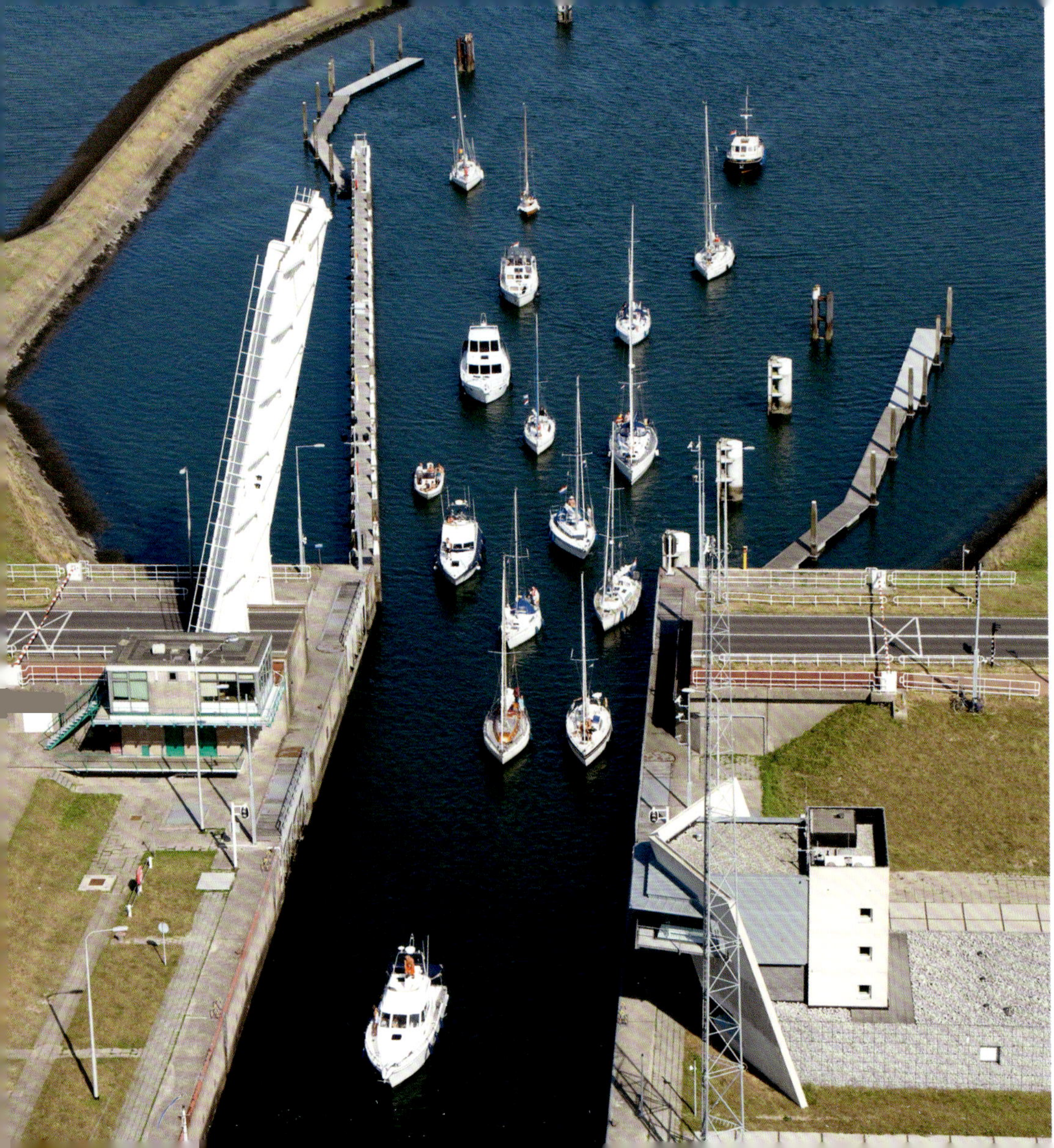

▲ Zandbank, Oosterschelde
◀ Sluis bij de Zandkreek Dam, Noord-Beveland

▲ Strand tussen Zoutelande en Vlissingen, Walcheren
▶ Cadzand-Bad, Zeeuws-Vlaanderen

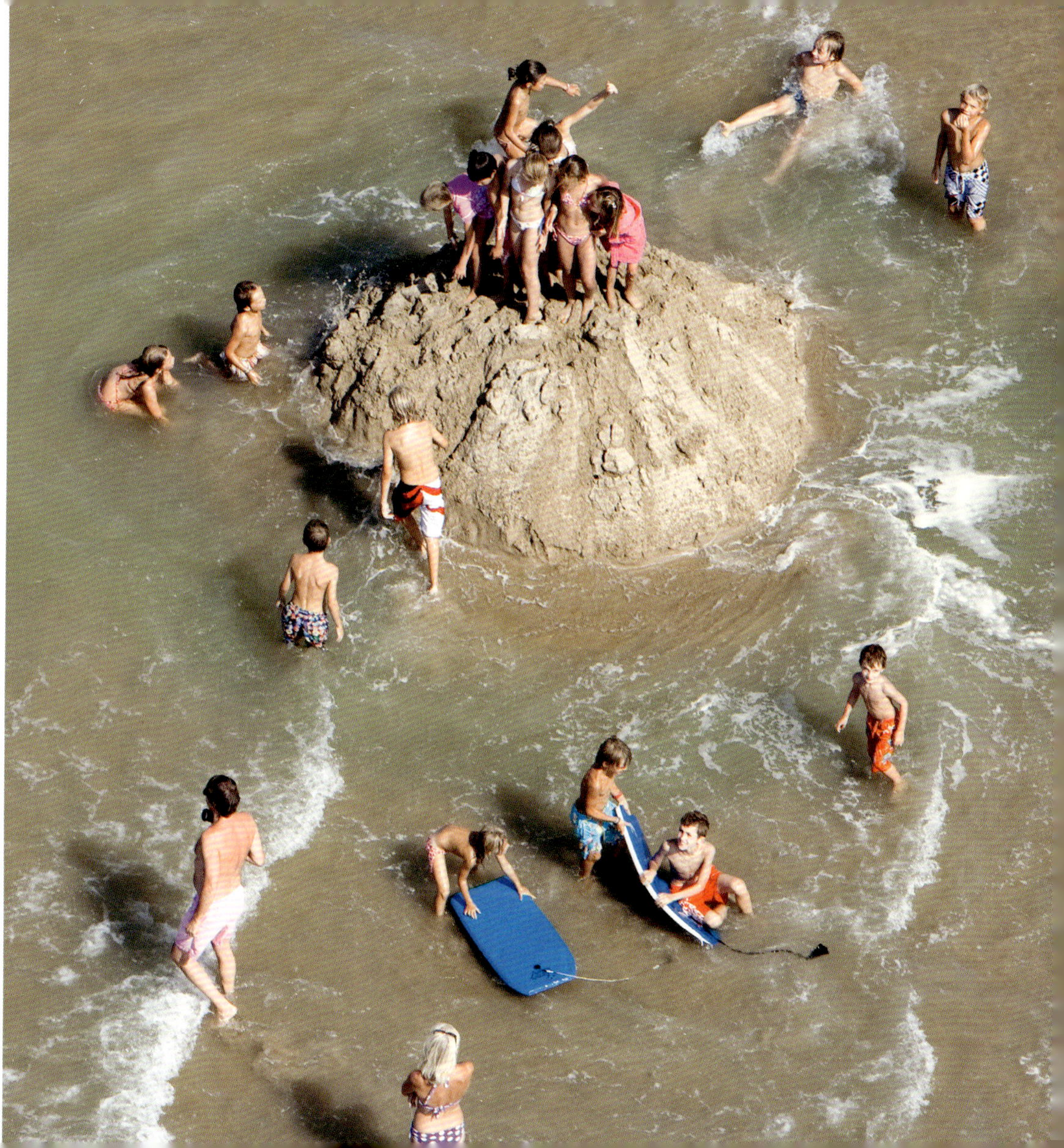

Zierikzee, Schouwen-Duiveland

Nehalennia tempel in Colijnsplaat, Noord-Beveland

Oud-Sabbinge, Zuid-Beveland

Oost-Souburg, Walcheren

Vlissingen, Walcheren

Middelburg, Walcheren

Brouwershaven, Schouwen-Duiveland

Wemeldinge, Kanaal door Zuid-Beveland

IJzendijke, Zeeuws-Vlaanderen

Sint Anna Ter Muiden, Zeeuws-Vlaanderen

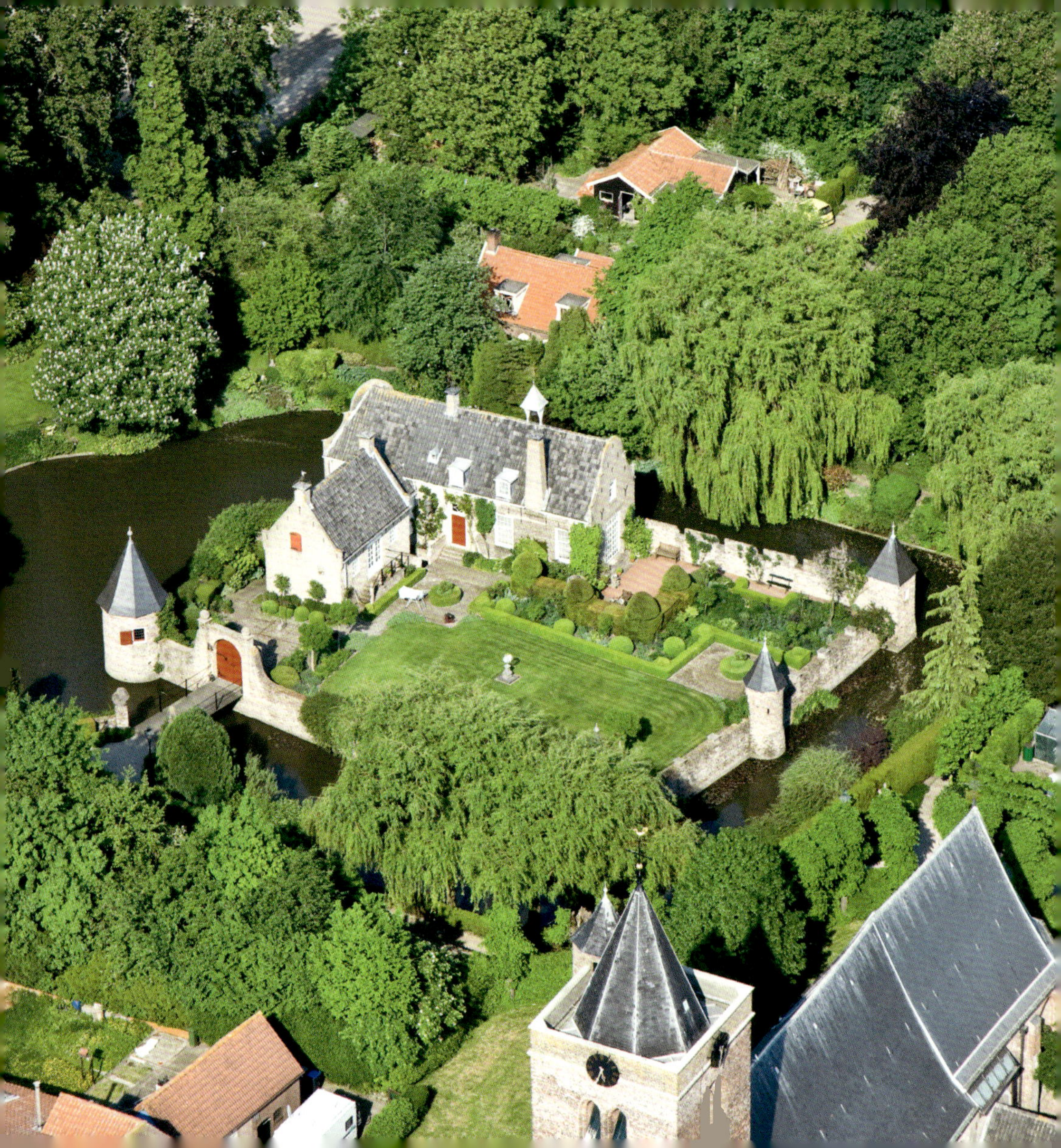

▲ Polder De Poel, Zuid-Beveland
◀ Baarland, Zuid-Beveland

Kust bij Het Zwin, Cadzand-Bad, Zeeuws-Vlaanderen

Vlissingen, Walcheren

Oosterscheldekering

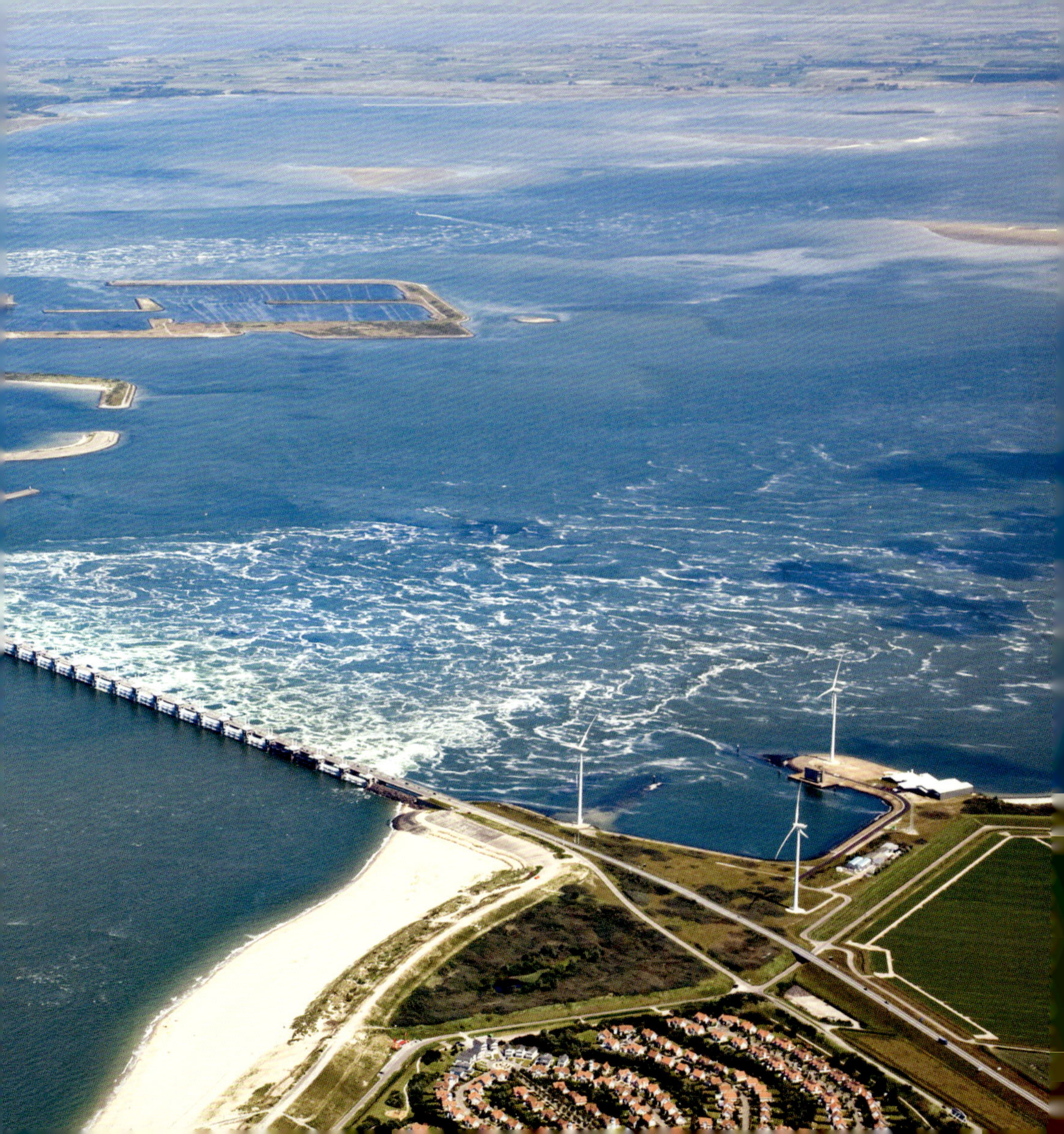

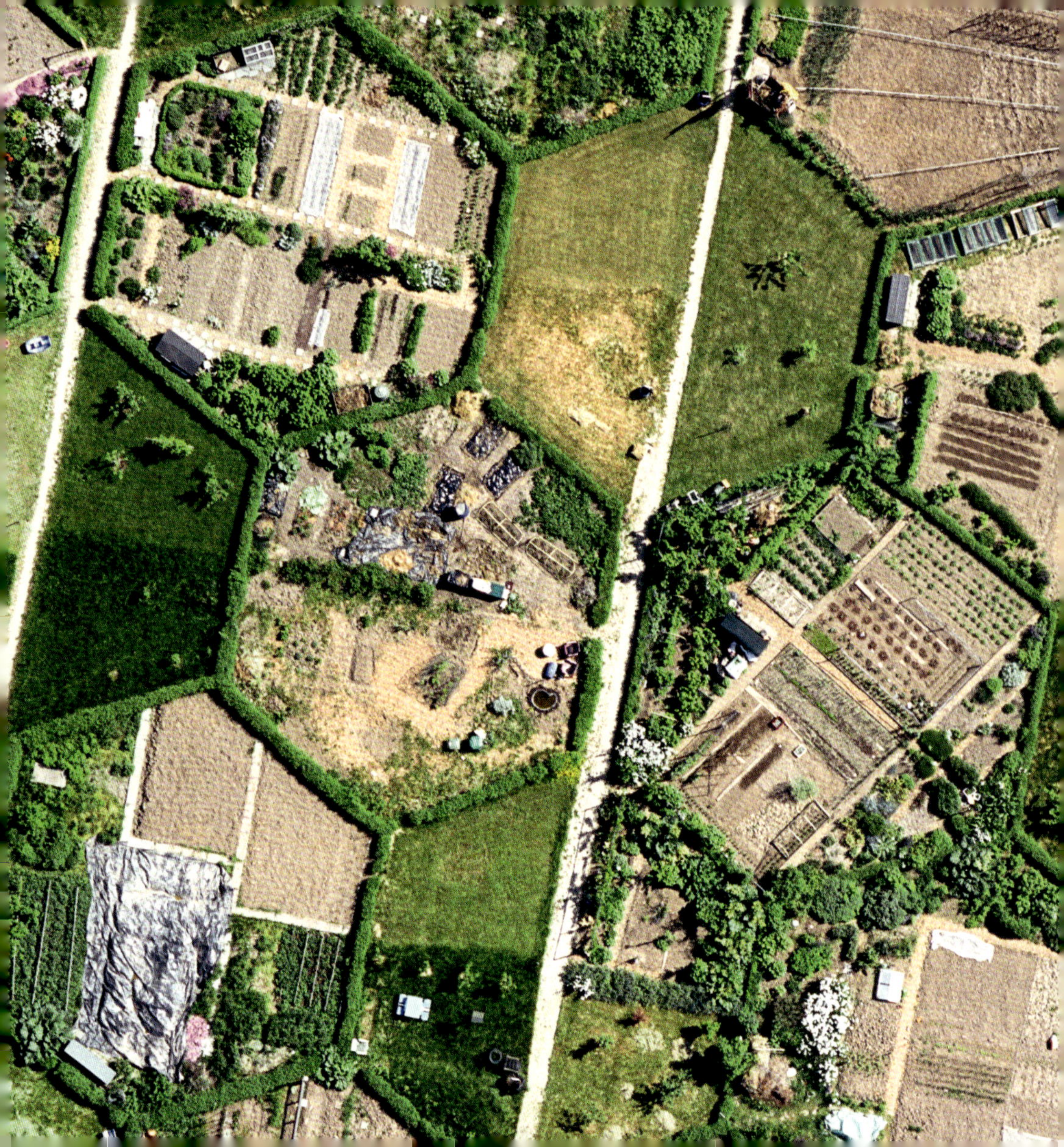

Noord-Brabant

Geertruidenberg

Braakhuizense Heide

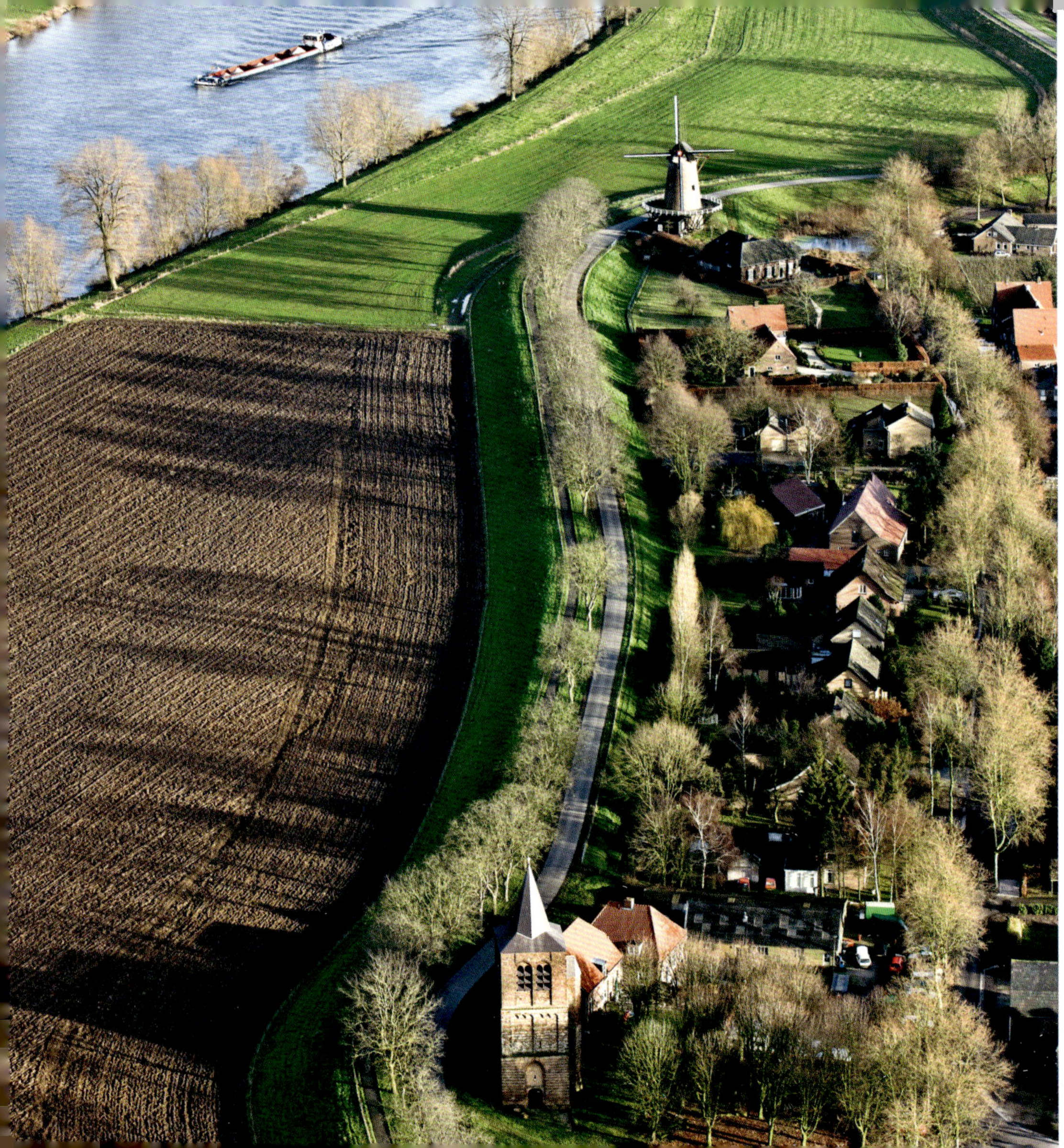

◀ Dieden   ▲ Maasbommel

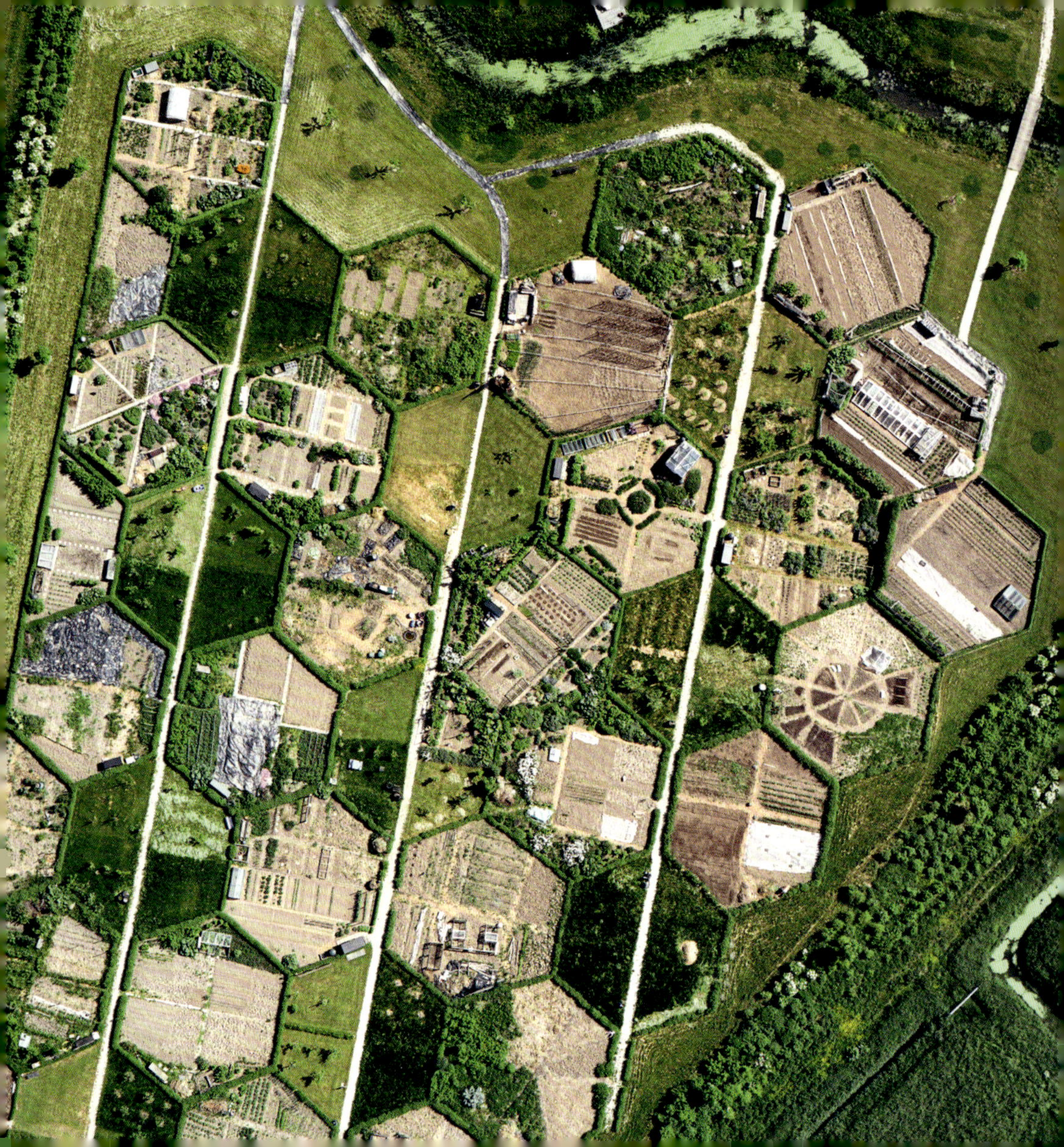

◀ Volkstuinen, Moerdijk ▲ Palladio, Helmond **263**

Engelen, Haverley bij Den Bosch

Kasteel Heeswijk, Heeswijk-Dinther

Vogel Rok, Efteling, Kaatsheuvel

Raveleijn, Efteling, Kaatsheuvel

Willemstad

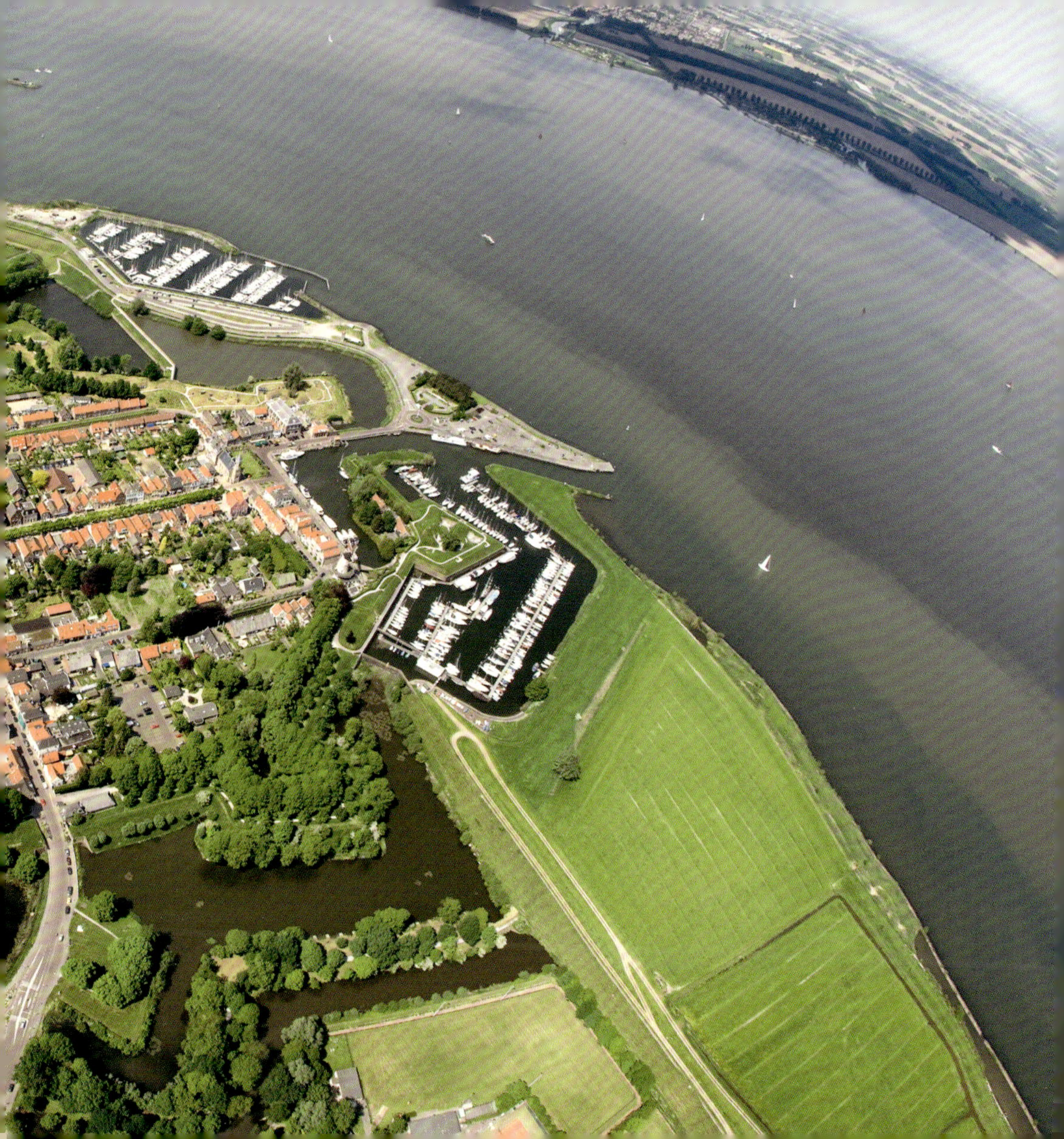

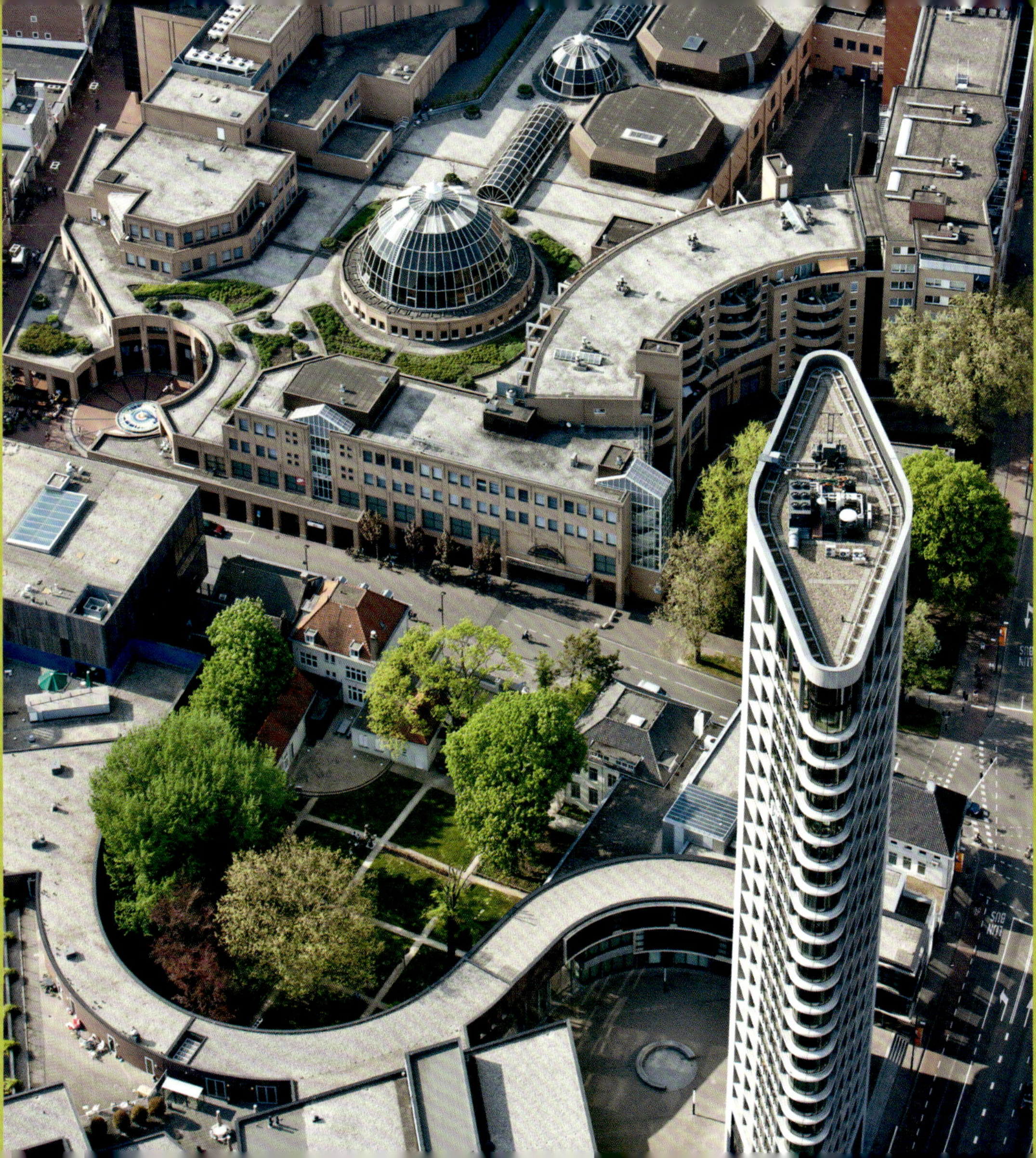

◀ Eindhoven　　　▲ Blob, Eindhoven

Museum De Groenpoort, Boxtel

Mastbos bij Breda

Lampen voor grasgroei, PSV Stadion, Eindhoven

Busstation, Uden

Fort Sabina, Sabina Henricapolder

Het Ravelijn, Bergen op Zoom

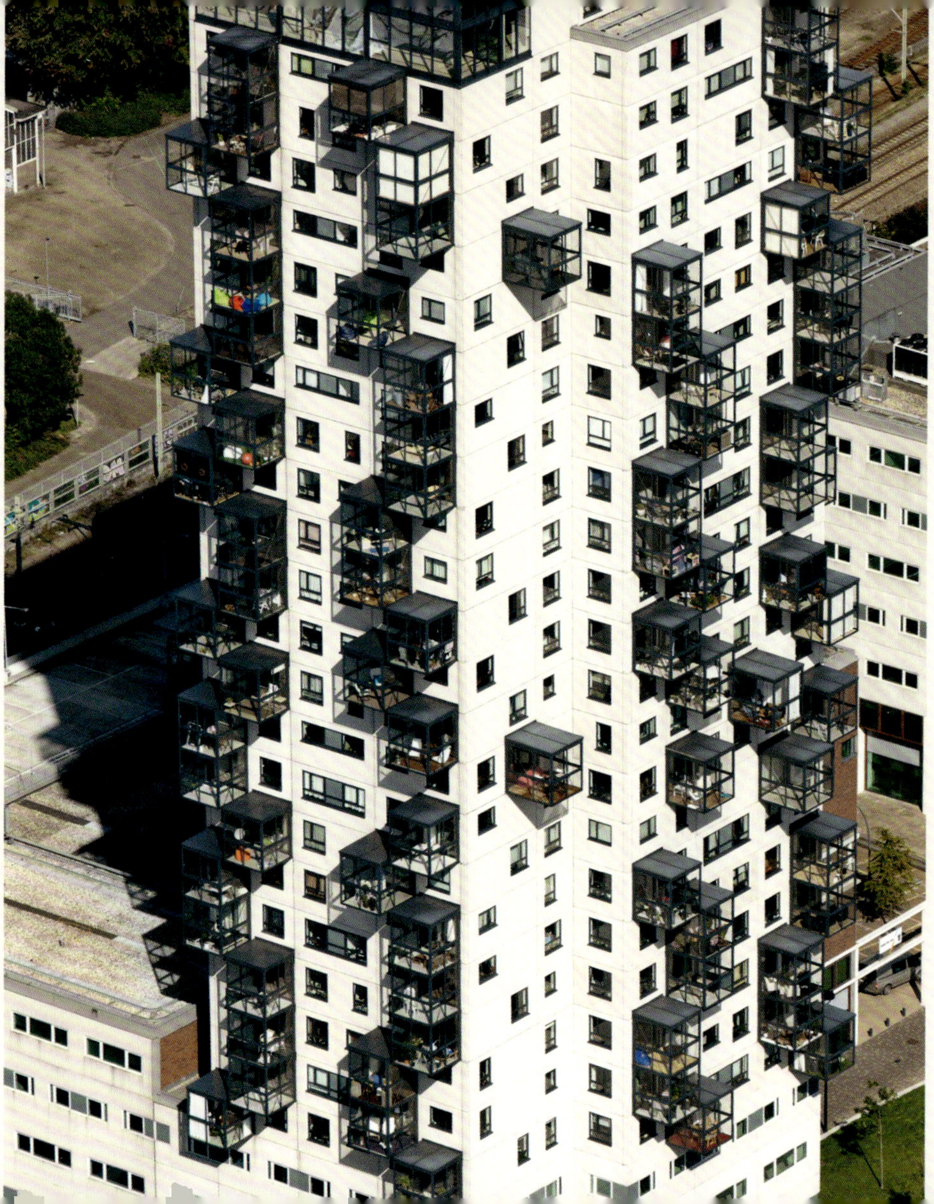

◀ Spoorlaan, Tilburg   ▲ Textielmuseum, Tilburg

E3 Strand, Eersel

Binnentuin in apartementencomplex, Uden

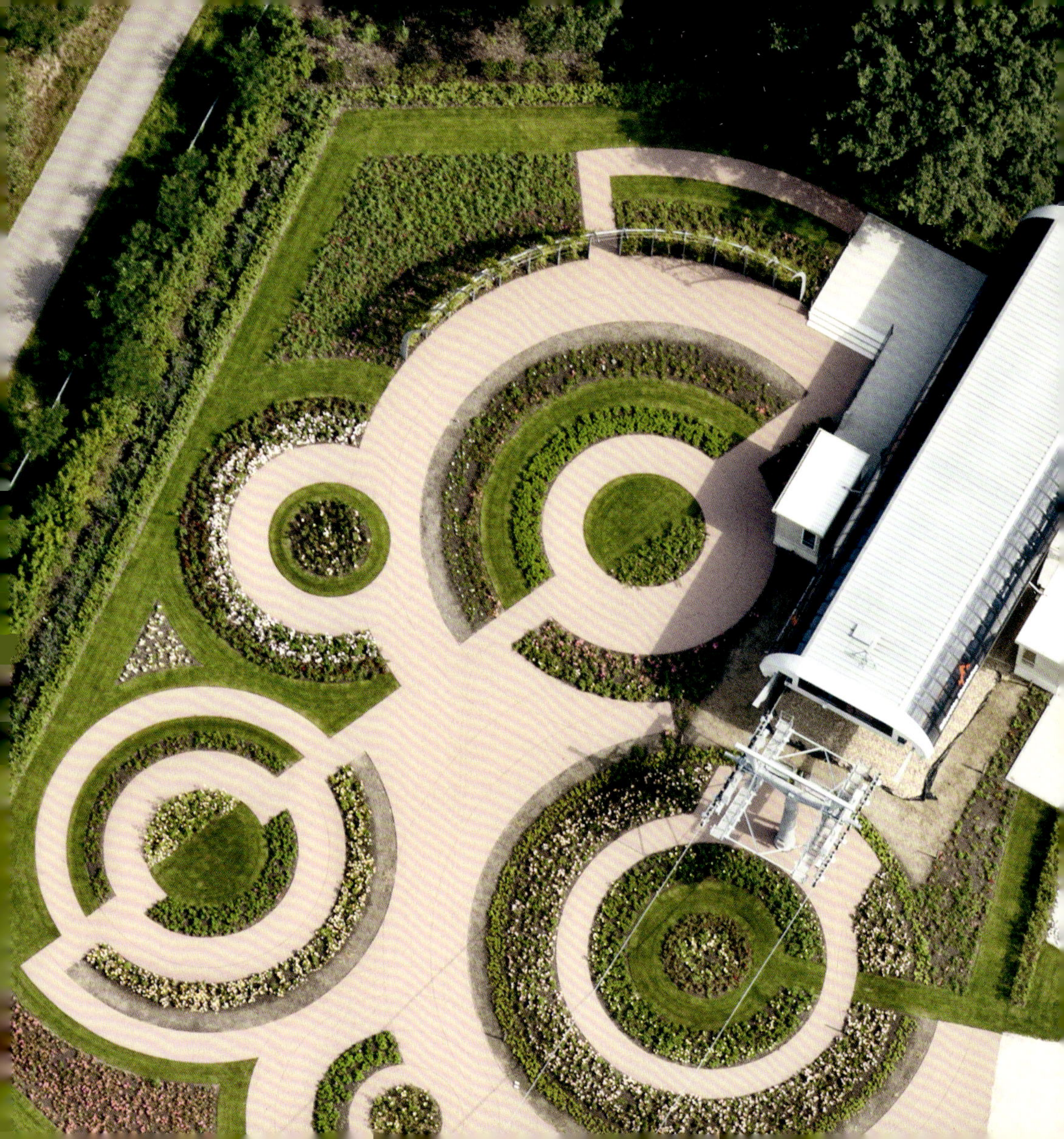

Limburg

Nationaal park De Maasduinen, Nieuw Bergen

't Leukermeer, Well

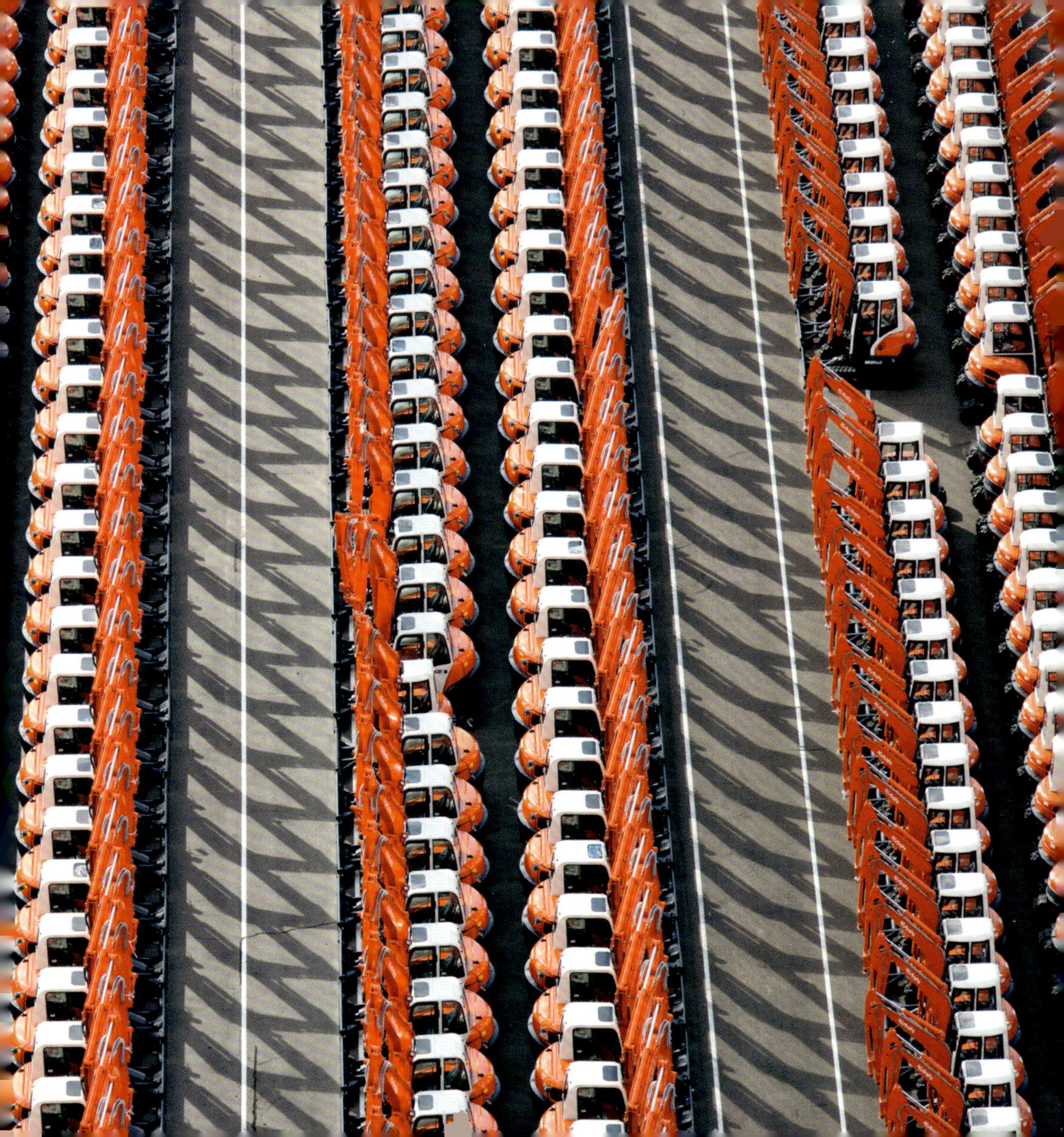

▲ Floriade, Venlo
◄ Graafmachines, omgeving Papenhoven

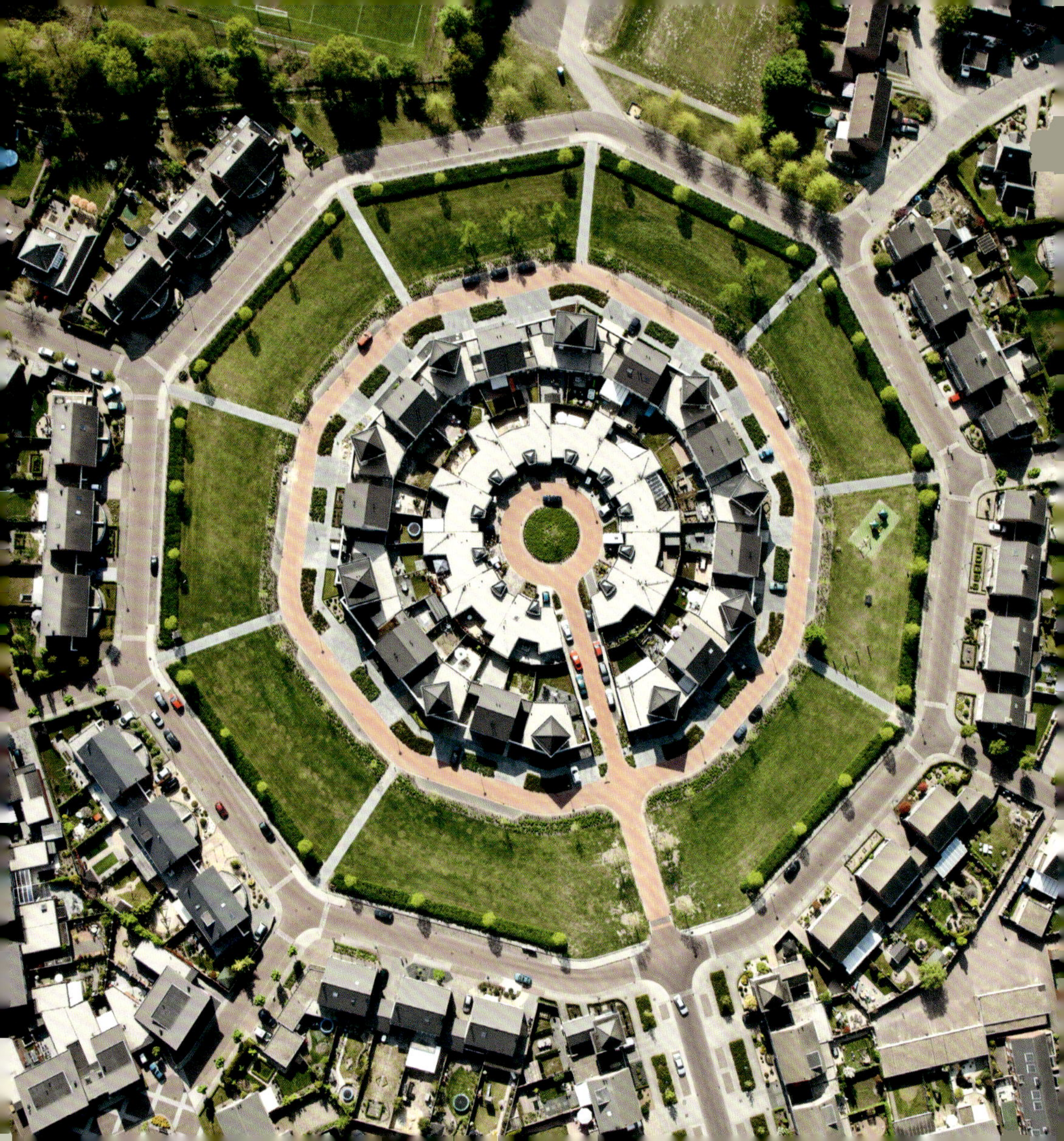

▲ Kasteel Keverberg, Kessel
◀ Ericaplein, Grubbenvorst

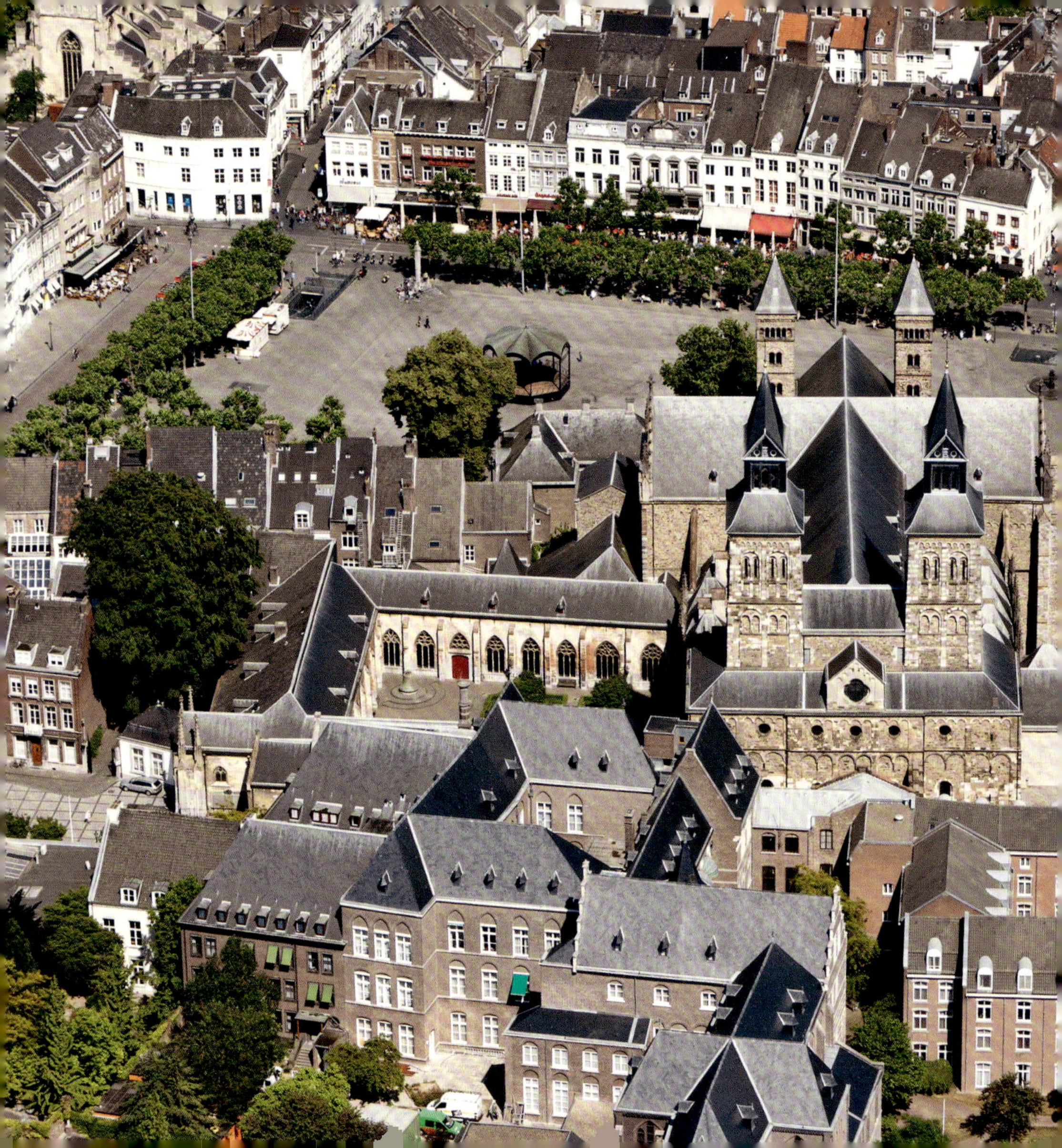

▲ Stadhuis, Maastricht
◀ Sint-Servaas met Vrijthof, Maastricht

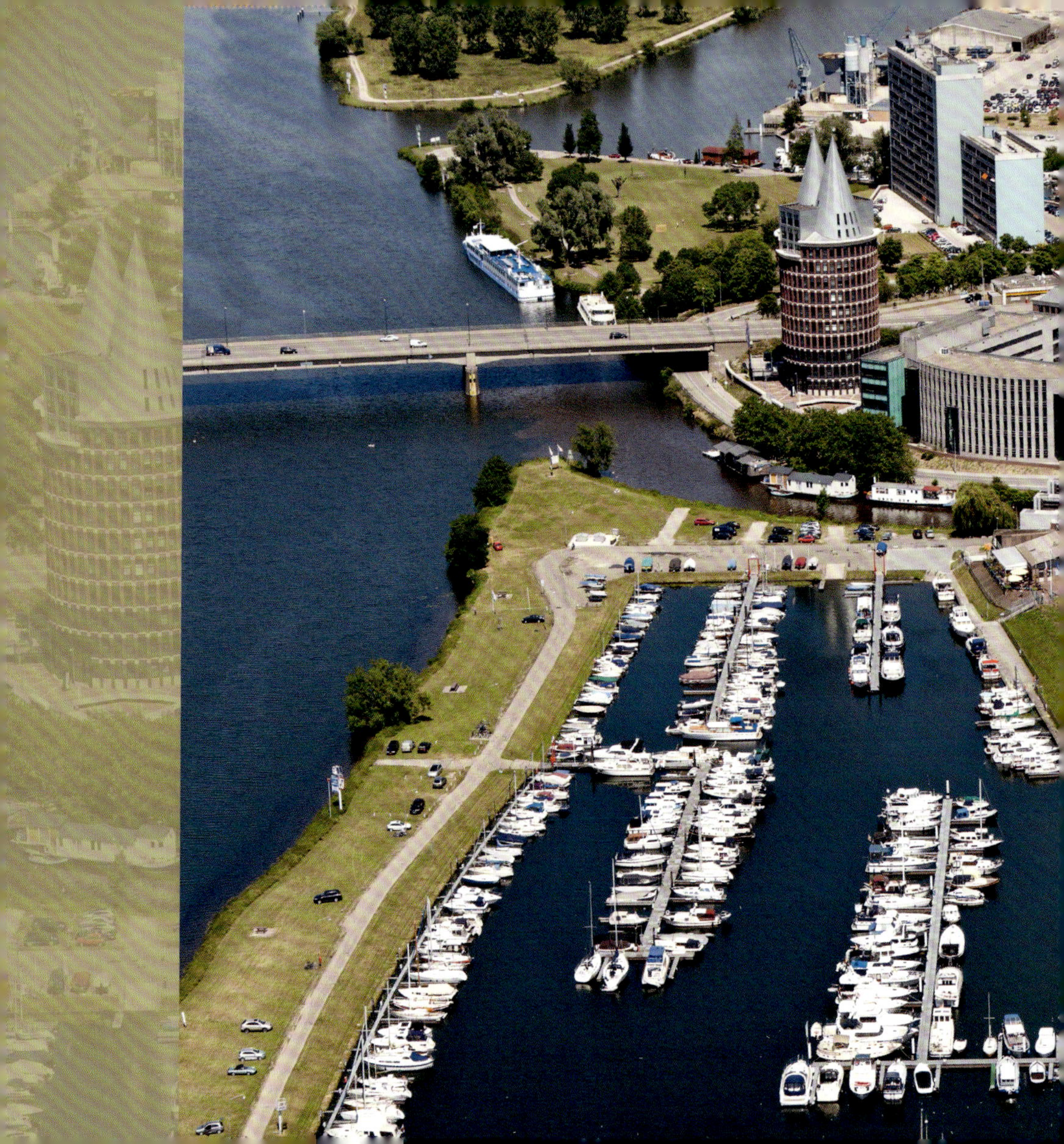

Roermond

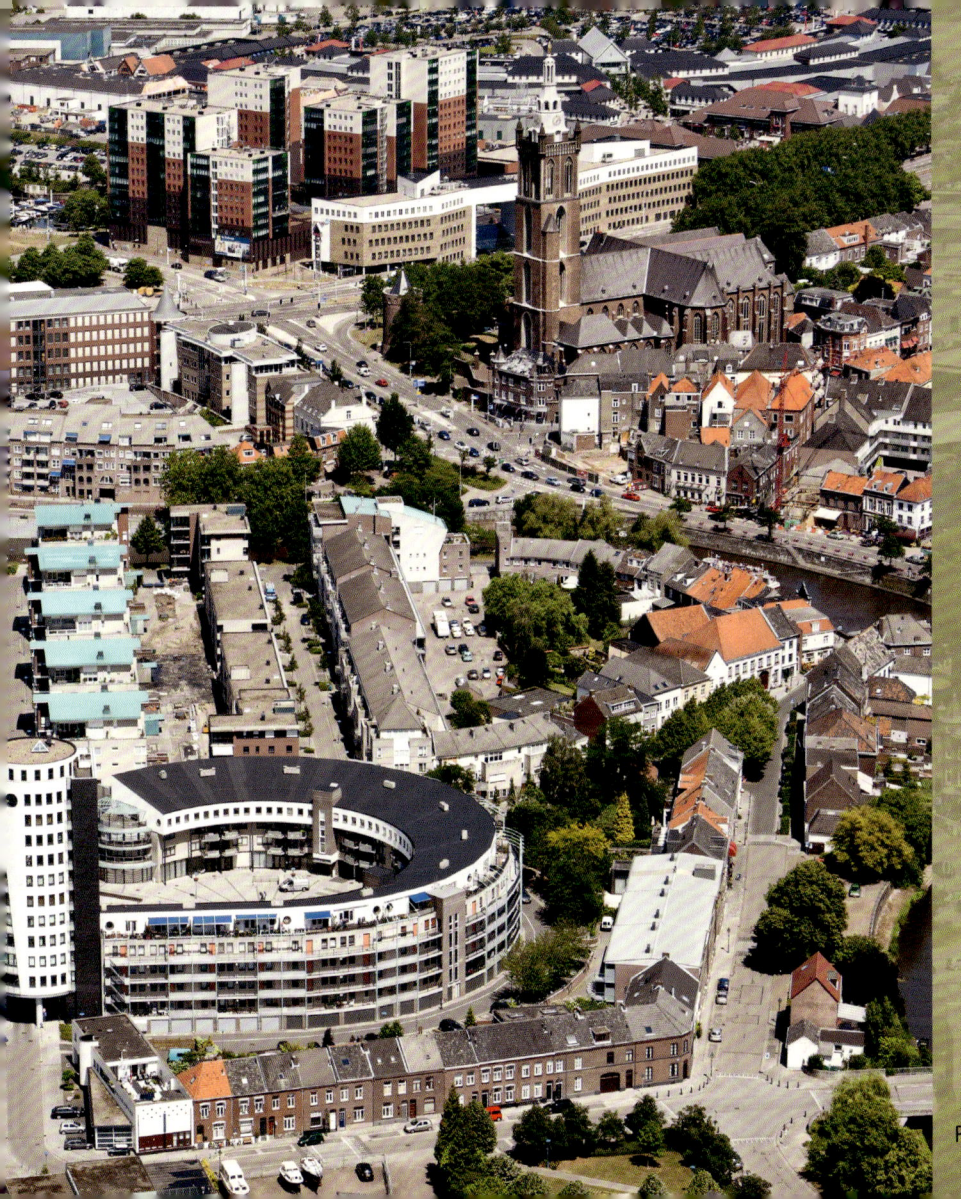

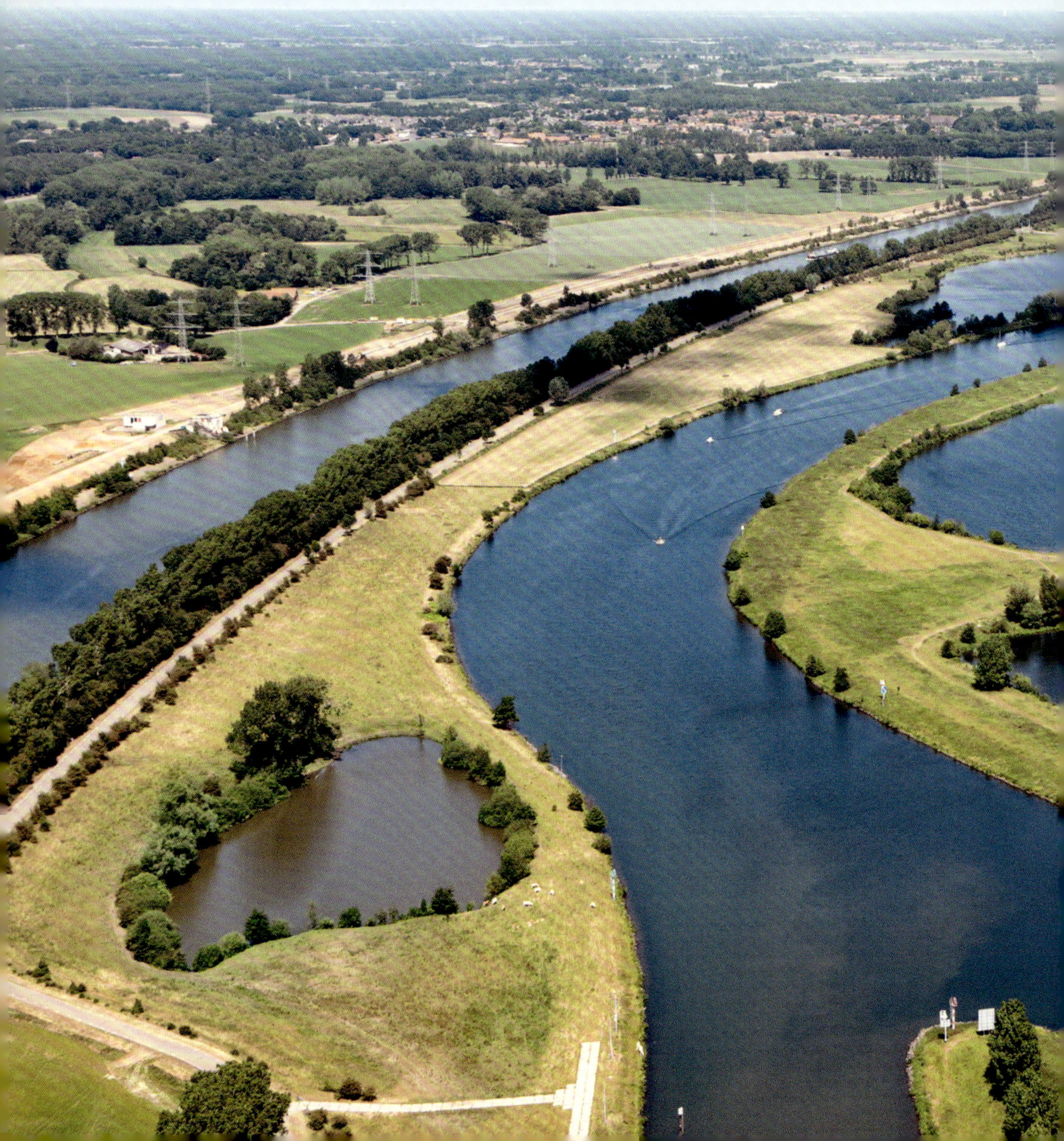

Maas, ter hoogte van Linne

Apostelhoeve, Maastricht

Arcen

Gulpen

Amerikaanse Begraafplaats, Margraten

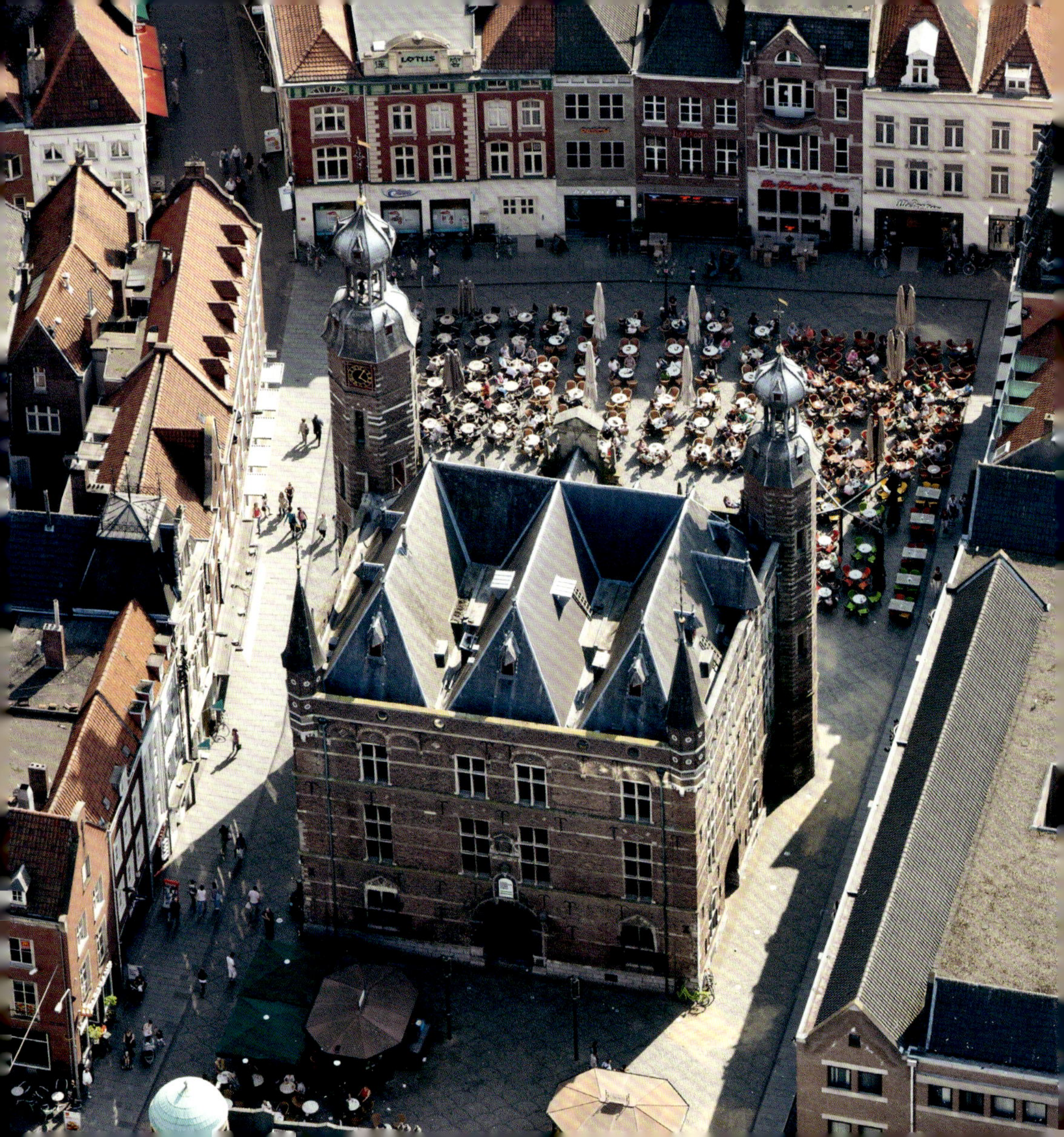
LOTUS

◀ Stadhuis, Venlo   ▲ Abdij Rolduc, Kerkrade

Watermolen aan de Geul bij Epen

Colofon

ISBN 978 90 5594 817 8
© **Scriptum Publishers**

Niets uit deze uitgave mag worden verveelvuldigd en/of openbaar gemaakt, zonder schriftelijke toestemming van uitgeverij Scriptum, Nieuwe Haven 151, 3117 AA Schiedam

No part of this book may be reproduced or transmitted in any form or by any means without permission from Scriptum, Nieuwe Haven 151, 3117 AA Schiedam, The Netherlands.

Scriptum bv
P.O. Box 293, 3100 AG Schiedam
Tel.: + 31(0)10 427 10 22
Fax.: + 31(0)10 473 66 25
E-mail: info@scriptum.nl
www.scriptum.nl

Fotografie: Karel Tomeï (www.flyingcamera.nl)
Provinciewapens: Ralf Hartemink (www.ngw.nl)
Vormgeving: John van Empel
Vertaling: Jonathan Ellis
Technische ondersteuning:
Antony de Kousenmaeker

Karel Tomeï vliegt in binnen- en buitenland voor uiteenlopende opdrachten. Hij is gespecialiseerd in luchtfotografie en dat leverde hem verschillende internationale prijzen op. In 2009 ontving hij de ridderorde van Koningin Beatrix voor zijn gehele oeuvre.

Karel Tomeï flies at home and abroad for the most diverse assignments. He specialises in aerial photography and that has earned him various international prizes. In 2009, he received a knighthood from Queen Beatrix for his complete oeuvre.